일상을 함께하는 공동체는 무너진 삶을 회복시킨다. 사랑을 나누는 공동체는 사람들을 꿈꾸게 한다. 성령 하나님이 오두막 공동체를 통해 바로 이 모습을 우리에게 보여 주신다. 책 추천으로 끝낼 수 없다. 오두막의 삶을 추천한다.

김병년 • 다드림교회 목사, 『난 당신이 좋아』 『바람 불어도 좋아』 저자

사랑이 진짜냐 가짜냐를 판정하는 기준 중 하나는 지속성이다. 지속성은 억지 인내와 다르다. 억지로 하는 인내와 그것이 옳기에 힘들지만 즐겁게 행하는 지속성 사이에는 분명 미묘한 차이가 있다. 특별히 감옥은 사랑이 밑바닥까지 말라 버린 사막 지대다. 그래서 철창 감옥에서든 철창 밖 감옥에서든 사랑은 사막의 오아시스와 같다. 1980년대부터 30년 넘게 지속되고 있는 사랑의 역사를 채워 온 오두막 공동체 이야기는 한 페이지를 넘기면 끝까지 읽어야 하는 이야기다. 말라 버린 시대의 가슴을 적시는 시원한 오아시스 같은 이야기에 담긴 사랑의 지속성이 계속 이어지고 널리 퍼지기를 바란다.

김응교 • 시인, 문학평론가, 숙명여자대학교 교수, 『그늘』 『곁으로』 『처럼』 저자

부르심을 입은 사람에게도 연약함의 그늘이 드리울 때가 있다. 그럴 때 소명을 감당해 내지도 못하고 그만두지도 못하는 진퇴양난의 상황을 만나기 마련이다. 하지만 그런 순간에도 우리에게는 서로의 절망과 희망을 부끄럼 없이 나눌 수 있는 오두막 공동체가 있다. 감히 말하건대 이 '화해와 일치의 공동체'는 우리 시대와 한국 교회의 희망이다. 오두막 공동체가 우리 가까이 있다는 사실이 큰 위로가 된다.

김인수 • 민들레 공동체 대표

나는 길바닥 인생이었다. 아리랑치기를 하며 질긴 목숨을 이어 갔지만 왜, 어떻게 살아야 하는지 몰랐다. 하지만 이재영 장로님과 최영희 권사님을 만나고 나서는 모든 것이 달라졌다. 난생처음으로 내가 가치 있다고 느꼈다. 14년 동안 공동체 생활을 하면서 나를 이 모습 이대로 살게 하신 하나님의 뜻을 알아 가고 있다. 공동체 덕분에 그토록 하고 싶었던 결혼도 했다. 오두막 공동체를 만난 건 내 인생에 일어난 가장 좋은 일이다.

김창호 ● 오두막 공동체 구성원

삶의 난제에 부딪힐 때면 언제나 이재영 선생님과 오두막 공동체가 떠오른다. 어른 없는 시대, 고향 잃은 삶을 살아가던 내게도 이제 찾아가서 만나 뵈올 '당신'이 계신 것이다. '그분'을 뵐 때마다 샘솟는 지혜와 큰 평안을 만난다. 그분은 메말라 가는 오늘의 신앙계에 소중한 샘과 같다. 『오두막』에는 그러한 그분의 마음과 삶이 고스란히 담겨 있다. 이제 작은 물줄기가 시내가 되어 흐르기 시작한 느낌이다. 예수님은 말씀이 육신이 되신 분이고, 교회는 복음이 공동체가 된 곳이다. 오늘 한국 교회에서 예수님을 경험할 수 있을까? 혹시 누가 물으면 주저 없이 오두막에 가 보라고 말해 주고 싶다.

유장춘 ● 한동대학교 교수, 사랑마을 공동체 대표

나는 한평생 어려운 사람들과 살았지만 출소자들과는 살아 보지 못했다. 그래서 출소자들과 같이 사는 이들에게는 무조건 머리 숙여 인사를 드린다. 자기 자신이나 가족만을 위해 사는 사람은 훌륭한 사람이 아니다. 그렇게 살면 즐거움은 있지만 기쁨은 없다. 즐거움이 오래 가면 병이 나지만, 기쁨이 오래 가면 있던 병도 고쳐진다. 이재영 대표는 기쁨으로 사는 분이고, 오두막 공동체는 바로 그런 기쁨으로 사는 공동체다. 그 기막힌 기쁨에 관한 책 『오두막』을 추천한다.

임락경 ● 시골교회 목사, 『시골집 이야기』 『임락경의 우리 영성가 이야기』 저자

예수의 삶은, 위를 향해서는 위정자나 종교 지도자의 불법을 적나라하게 지적하여 그들로 하여금 진리에 부합하는 삶을 살도록 촉구하시고, 아래를 향해서는 불치병자, 성매매 여성, 범죄자, 세리 등 사회의 가장 낮은 자들에게 무조건의 긍휼과 사랑을 베푸신 것으로 나뉜다. 2천 년이 지난 지금, 예수의 제자라고 자처하며 살아가는 그리스도인들은 과연 스승의 삶을 얼마나 재현해 내고 있는가? 예수와는 반대로 위정자나 종교 지도자들의 눈치 보기에 급급하고, 사회의 가장 낮은 자리에서 신음하는 사람들을 투명인간 취급하지는 않는가? 오두막 공동체 이야기는 우리의 삶을 비추는 거울이다. 독자들은 예수의 길을 재현하려는 오두막 공동체의 이야기를 통해 참된 그리스도인의 삶을 소망하게 될 것이다.

천종호 • 부산가정법원 부장판사, 『아니야, 우리가 미안하다』 저자

오두막

IVP(InterVarsity Press)는
캠퍼스와 세상 속의 하나님 나라 운동을 지향하는
IVF(InterVarsity Christian Fellowship)의 출판부로
생각하는 그리스도인을 위한 문서 운동을 실천합니다.

상처 입은 자들과 일구는 복음의 공동체

이재영

IVP

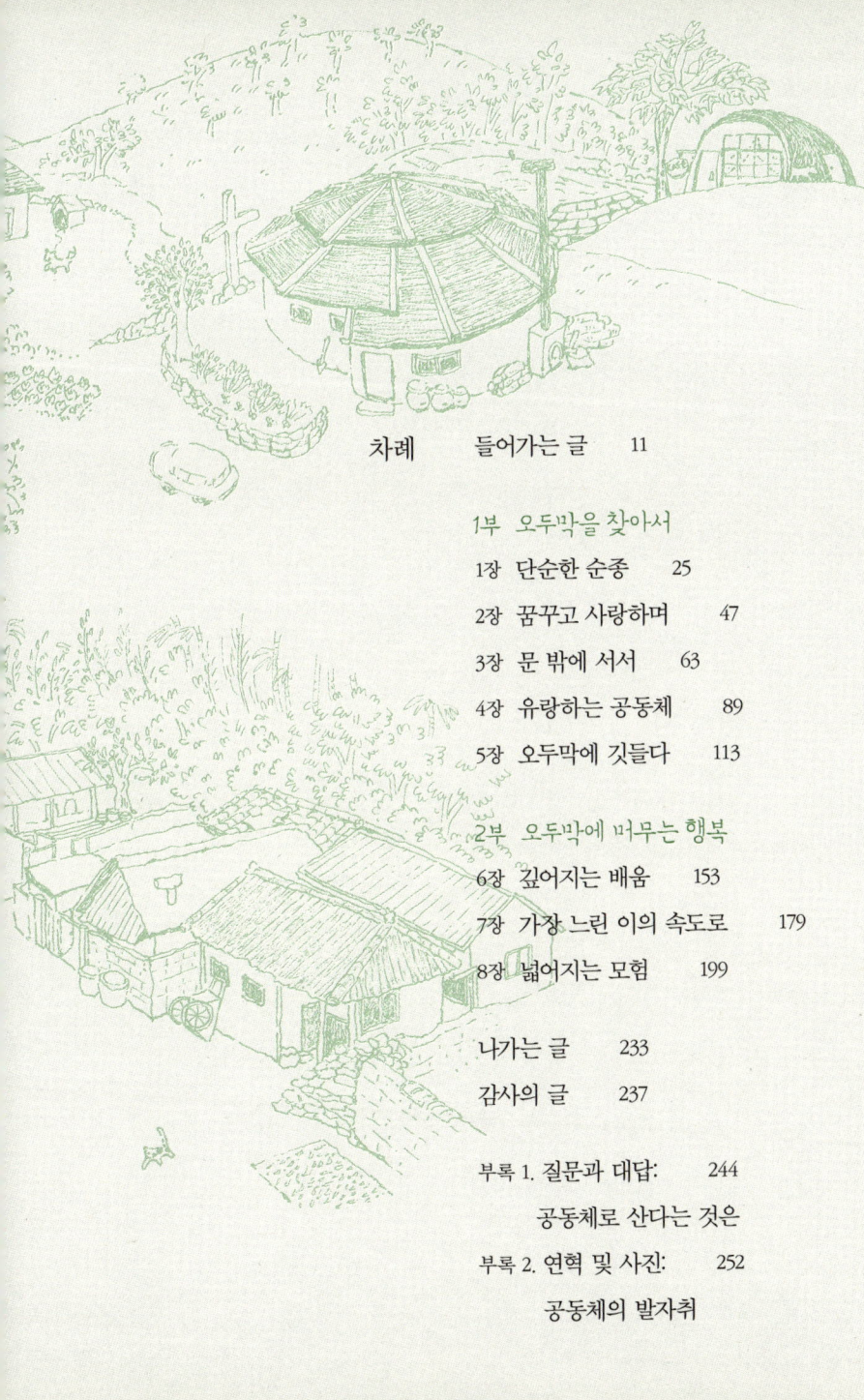

차례   들어가는 글   11

1부 오두막을 찾아서
1장 단순한 순종   25
2장 꿈꾸고 사랑하며   47
3장 문 밖에 서서   63
4장 유랑하는 공동체   89
5장 오두막에 깃들다   113

2부 오두막에 머무는 행복
6장 깊어지는 배움   153
7장 가장 느린 이의 속도로   179
8장 넓어지는 모험   199

나가는 글   233
감사의 글   237

부록 1. 질문과 대답: 244
   공동체로 산다는 것은
부록 2. 연혁 및 사진: 252
   공동체의 발자취

_일러두기
본문에 등장하는 인물 중 가명인 경우 *표시를 해 두었다.

들어가는 글

누가복음에 나오는 부자와 거지 나사로 이야기는 심난하다. 부자가 호화로운 생활을 했을지언정 지옥에 갈 만큼 악독한 사람처럼 보이지는 않기 때문이다. 부자는 율법에 따라 거지를 내쫓지 않았다. 대문 앞이긴 했지만 나사로에게 머물 공간을, 부스러기이긴 했지만 먹을 것도 주었다. 그런데도 부자는 지옥에 갔다. 성경은 그 이유를 이렇게 설명한다.

> 아브라함이 이르되 얘 너는 살았을 때에 좋은 것을 받았고 나사로는 고난을 받았으니 이것을 기억하라. 이제 그는 여기서 위로를 받고 너는 괴로움을 받느니라. (누가복음 16:25)

부자의 호화스러운 생활 방식이 지옥에 갈 만한 잘못이라는 뜻인가? 선뜻 납득되지 않을 수 있으나 이 말씀을 곱씹어 보면, 부자가 나사로를 박대하지는 않았지만 그렇다고 환대하지도 않았다는 사실이 드러난다.

부자는 상처투성이 나사로가 대문 앞에만 머물도록 했다. 집 안으로 초대하지도, 식탁에서 함께 밥을 먹지도 않았다. 마음껏 먹고 남은 부스러기를 흘리는 정도의 선심만 쓰고 나사로의 얼굴을 마주보지는 않았다. 동네 개를 방치하는 정도의 호의(?)만 베풀고 나사로의 상처를 돌보지는 않았다. 부자는 불쌍한 거지를 동정했으되 자기 생활에 불편이 없을 정도로만 도와준 것이다.

부자가 지옥에 간 까닭을 정확히 알 수 없지만 천국에 가지 못한 이유는 분명해 보인다. 그가 나사로를 직접 만나지 않았기 때문이다. 거지 나사로는 부자를 천국으로 이끌어 줄 길벗이었다. 하나님은 그분이 주신 재물을 독차지한 채 이웃과 나누지 않는 부자를 구원하시기 위해 나사로를 보내 주셨던 것이다. 부자는 거지 나사로를 만나야 천국에 갈 수 있었다.

노숙자, 출소자, 환자, 장애인, 가난한 사람 같은 사회적 약자들은 일방적으로 도움을 주거나 일시적으로 동정할 대상이 아니다. 그들은 우리를 천국으로 인도해 줄 안내자이자 함께 걸어갈 동반자다. 그들을 외면하고 천국에 이를 길은 없다.

달란트 비유로 유명한 마태복음 25장 후반부에는 양과 염소를 가르는 심판 이야기가 나온다. 주님은 복을 받고 하나님 나라의 상속자가 될 사람들을 오른편에, 저주를 받고 영벌에 처할 사람들을 왼편에 세우신다. 오른편에 있는 사람들도 왼편에 있는 사람들도 왜 자신들이 거기에 있는지 이해하지 못한다. 주님은 오른편 사람들에게 말씀하신다.

> 내가 주릴 때에 너희가 먹을 것을 주었고 목마를 때에 마시게 하였고 나그네 되었을 때에 영접하였고 헐벗었을 때에 옷을 입혔고 병들었을 때에 돌보았고 옥에 갇혔을 때에 와서 보았느니라. (마태복음 25:35-36)

오른편 사람들은 나중에 하나님 나라를 상속받을 줄 미리 알고 행동하지 않았다. 그저 그들 중에 있던 '지극히 작은 자 하나'에게 다가가 손을 내밀었다. 이러한 행동의 결과는 최후의 심판 때가 되어서야 비로소 밝혀진다. 주님은 분명히 말씀하신다. "여기 내 형제 중에 지극히 작은 자 하나에게 한 것이 곧 내게 한 것"이라고(마태복음 25:40).

'세리와 죄인의 친구'(누가복음 7:34)라고 불리신 예수님은 그들을 정죄하거나 외면하지 않으셨다. 모두가 손가락질하며 따돌리는 그들과 함께 밥상에 둘러앉아 식사를 나누셨다(누가복음 5:30). 그 밥상 공동체야말로 하나님 나라의 예시였다. 하나님 나라에는 제자들의 자리뿐 아니라 세리와 죄인들의 자리도 마땅히 있어야 한다.

이 책은 세리와 죄인들도 머물 만한 오두막이 되려는 공동체의 이야기다. 그리스도의 몸 안에는 누구나 제자리가 있다. 오두막은 남들과 어울려 살아가지도, 혼자서 살아가지도 못하던 소위 부적응자들이 그리스도의 몸을 이루며 살아가는 곳이다. 세상이 천대하는 사회적 약자들, 세상이 적대하는 반사회적 인물들과 함께할 때에만 알게 되는 하나님의 마음이 있다.

너희 중에 어떤 사람이 양 백 마리가 있는데 그 중의 하나를 잃으면 아흔아홉 마리를 들에 두고 그 잃은 것을 찾아내기까지 찾아다니지 아니하겠느냐? (누가복음 15:4)

길 잃은 한 마리 양이라도 찾으시려는 애달픔이 바로 하나님의 마음이다. 이는 오직 주님이 친히 선물해 주신 그분의 몸인 공동체를 통해서만 분명히 알 수 있다.

부자가 나사로를 만나지 않아 천국에 들어갈 수 없었듯 우리도 이들과 더불어 공동체로 살지 않고서는 천국에 이를 수 없다. 우리가 공동체를 이루어 어떤 지체라도 있는 모습 그대로 사랑한다면, 한 몸이 되기 위해서 기꺼이 낮아지고 느려진다면, 그 모든 걸음은 천국에 닿는 길로 이어진다.

  이 책은 오두막 공동체가 걸어 온 길에 대한 기록이며, 그 길의 끝에서 만날 주님을 향한 고백이다.

오두막에서

이재영

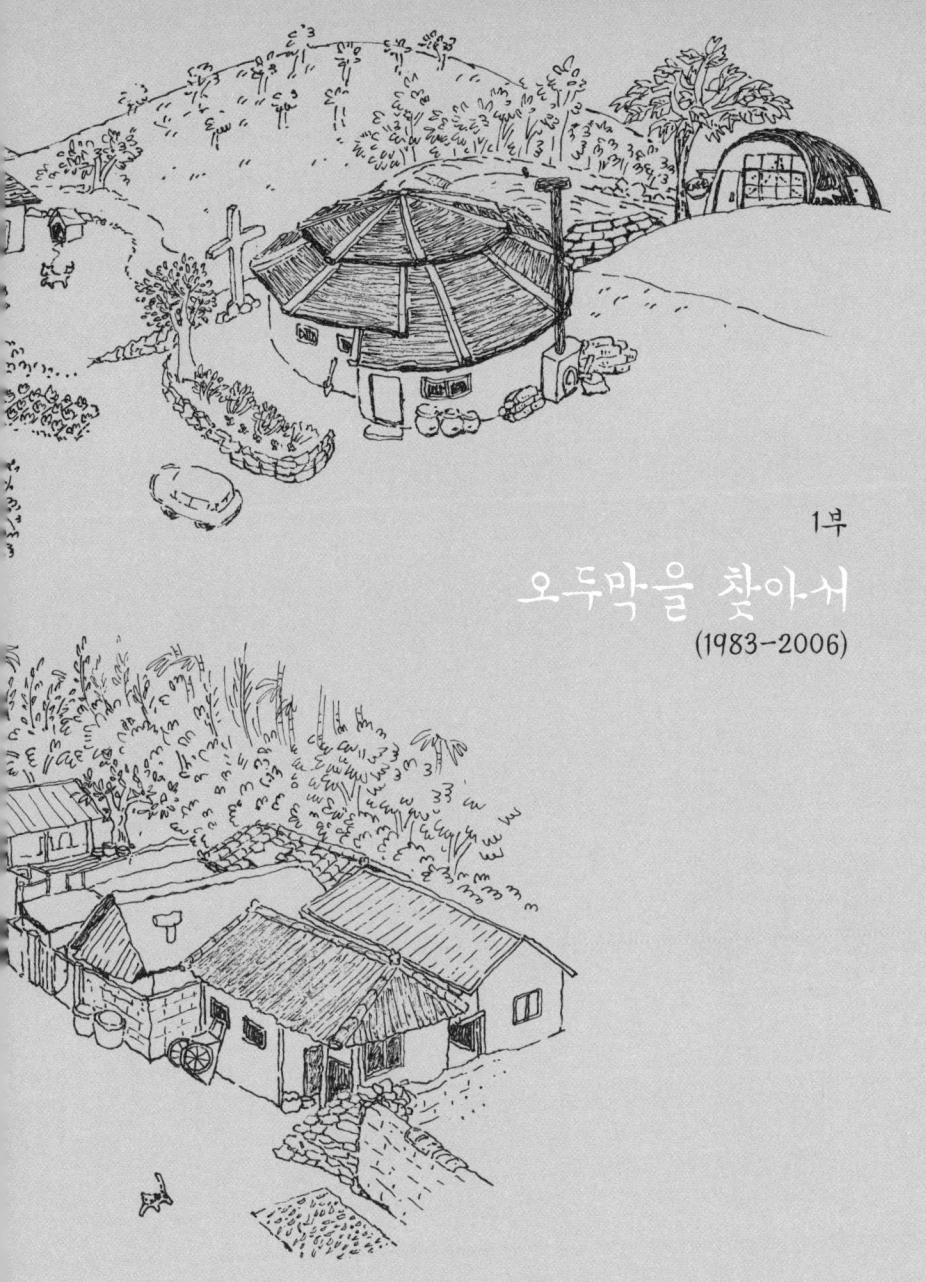

1부
오두막을 찾아서
(1983-2006)

세상은 영수의 본래 모습을 보지 않았고
영수의 가족조차 이를 알아보지 못했다.
하지만 하나님은 영수를 어떻게 바라보셨을까?
하나님은 영수를 지으셨을 때 얼마나 귀하게 여기셨을까?
내가 세상이 알아보지 못한 영수의 진면목을
조금이나마 보았던 까닭은
하나님의 마음이 나에게도 찾아왔기 때문이었다.

2006년 11월 16일, *영수가 죽었다. 공장에서 일하다 머리를 다쳐 입원한 지 열흘 만이었다. 동료와 다투다가 벌어진 사고였다.

"뇌 손상이 너무 심합니다. 마음의 준비를 하셔야 합니다."

의사는 영수의 상태를 보더니 회복이 어렵다고 진단했다. 하지만 나는 의사의 말을 듣고도 그의 죽음을 준비하지 않았다. 아니, 준비할 수가 없었다. 그 대신에 기적 같은 회복을 구하는 기도만을 반복했다. 안 될 일인 줄 알았지만 달리 할 수 있는 일도 없었다. 결국 영수는 세상에 영영 이별을 고했다.

"여보, 영수가 죽었대."

영수의 죽음을 입 밖으로 뱉고 나니 맥이 탁 풀렸다. 앞마당까지 들어선 가을볕은 유난히 따뜻했고, 생전에 영수가 콧노래를 부르며 걷던 대문 밖 길가에는 코스모스가 천연덕스럽게 하늘댔다. 야속한 세상은 아무 일도 일어나지 않은 듯 태평스러웠다.

어쩌면 세상은 영수의 죽음을 그저 당연하고 흔한 일로 여길지 모른다. 전과 15범인 출소자가 직장에서 쌈박질을 하다 운이 없게도 죽어 버렸다고.

'전과 15범'은 사실 강력범이라기보다는 '잡범'에 가깝다. 잡범은 살인이나 강도 같은 '중범'과 다르다. 그들은 무거운 죄를 저질러 중형을 사는 이들이 아니다. 잡범 중에는 비교적 가벼운 죄를 충동적으로 저지르고 짧은 기간 동안 여러 번 교도소를 들락거리는 경우가 더 흔하다.

하지만 내가 만난 영수는 '전과 15범'이라는 말만으로 설명할 수 없는 사람이었다. 교도소에서 나온 사람들이 사회로 복귀하도록 돕는 '갱생보호공단'이라는 정부 기관에서 봉사활동을 하면서 영수를 처음 만났다. 그는 내가 본 어떤 출소자보다 착했다. 늘 밝게 웃고 다니면서 장애인들을 씻겨 주는 목욕 봉사와 나들이를 거들어 주는 동행 봉사를 도맡았다. 또 동네 어르신들을 자주 병원에 모셔다 드리기도 했다.

물론 영수가 우리를 만나기 전에 어떻게 살았는지 그 속사정까지 모두 알지는 못했다. 하지만 우리와 함께 지내는 영수는 그저 착한 아우일 뿐이었다. 그는 나의 가족이었다.

가족이기에 슬펐지만, 또 가족이기에 마냥 슬퍼하고만 있을 수는 없었다. 영수의 장례식을 치러야 했다. 공교롭게도 그날은 일주일에 한 번씩 갱생보호공단에 봉사하러 가는 날이었다. 또 다른 '영수'들과의 약속을 취소할 수는 없었다.

서둘러 일정을 마치고 영수의 시신을 찾으러 병원 장례식장으로 달려갔다. 그런데 뜻밖의 난관이 도사리고 있었다. 법적 가족만 시신을 인수받을 수 있다는 것이었다.

"법적 가족이요? 영수가 가족들하고 연락 안 하고 산 지 몇 년째인지도 몰라요. 저희는 그분들 연락처도 모르고요."

"법이 그렇습니다. 가족이 오지 않으면 '행려자'로 처리하게 되어 있어요. 시신은 의과대학에 해부용으로 기증될 겁니다."

영수와 함께 살았던 우리는 가족으로 인정받지 못하고, 연락을 끊고 산 지 오래되어 연락처도 모르는 법적 가족만 가족으로 인정해 준다는 말에 기가 막혔다.

해결책을 궁리하다가 혹시나 하는 생각에 동사무소를 찾았다. 다행히 그곳에서 영수의 전처와 아들에게 연락이 닿았다.

영수의 가족에게 처음 인사를 하고 전해야 하는 말이 그의 죽음이라는 사실에 마음이 아렸다. 아주 조심스럽게 말을 전했는데, 전혀 예상치 못했던 대답이 들려 왔다.

"그 사람이 죽은 게 나랑 무슨 상관인가요? 제가 거길 왜 가야 하죠?"

전처는 냉담했다. 전혀 신경 쓰고 싶지 않다고 했다. 정말로 영수와의 모든 연을 다 끊어 버린 것 같았다. 하지만 시신도 없이 장례식을 치를 수는 없는 노릇이었다. 어떻게든 전처의 마음을 돌려야 했다.

"영수 앞으로 예금이 좀 있는데, 그것도 가족만 찾을 수 있다고 합니다."

"예금이요? 뭐, 얼마나 있는데요?"

설마 큰돈이 있을까 하는 의심이 섞인 질문이었다. 나는 사실대로 대답했다.

"8백만 원쯤 됩니다."

수화기 너머로 잠시 동안 아무 말이 없었다. 그 정도 돈이 있다는 사실을 믿지 않으면 어쩌나 해서 조마조마했다. 마침내 전처는 침묵을 깨고 대답했다.

"그럼 가 볼게요."

전처는 전남편이 남긴 8백만 원이라는 뜻밖의 횡재에 반응을 보였다. 정말로 8백만 원이 있는지에 대한 의심을 아주 거둔 것은 아니었지만 그래도 천만다행이었다. 그렇게 영수의 전처가 와 준 덕분에 영수의 시신을 찾을 수 있었다.

지인들과 교회 교인들이 정성껏 영수의 장례식을 치러 주었다. 전처는 영수가 남긴 돈을 챙기고는 뒤도 돌아보지 않고 곧바로 떠났다. 내게도, 영수에게도 인사 한마디 남기지 않았다.

장례식을 치르고 나서 한동안 울적한 마음이 좀처럼 가시지 않았다. 영수와 그의 가족은 어쩌다 이렇게까지 되고 말았을까? 영수가 그의 가족에게 얼마나 잘못했는지 알지 못한다. 영수의 가족도 원래부터 매정한 사람들은 아니었을 것이다. 그리고 내가 아는 영수도 원래부터 '가해자'나 '범죄자'로 매도당해야 마땅한 사람만은 아니었다.

세상은 영수의 본래 모습을 보지 않았고 영수의 가족조차 이를 알아보지 못했다. 하지만 하나님은 영수를 어떻게 바라보셨을까? 하나님은 영수를 지으셨을 때 얼마나 귀하게 여기셨을까?

내가 세상이 알아보지 못한 영수의 진면목을 조금이나마 보았던 까닭은 하나님의 마음이 나에게도 찾아왔기 때문이었다. 돌이켜 보니, 하나님이 아픈 마음을 가지고 내게 찾아오신 지 30여 년의 세월이 지났다.

1장

단순한 순종

주님을 믿느냐 마느냐? '예'냐 '아니요'냐?
둘 중 하나만 선택해야 한다면 오히려 대답은 쉬웠다.
나는 마음으로 고백했다.
'믿습니다.'
순종이란 복잡하지 않으며, 완벽해야 하는 것도 아니다.
단순한 순종이 진정한 순종이다.
그저 말씀대로 순종한다면 아무리 보잘것없는 행위라도 넉넉하며,
혹여 말씀대로 순종하지 않는다면 아무리 거창한 선행을 해도 모자란다.

애초에 나는 공동체를 세우겠다고 생각해 본 적이 없다. 어쩌다 출소자들과 함께 살게 되었지만, 정작 내 머릿속에서는 공동체라는 개념조차 모호했다. 그렇다면 오두막 공동체는 언제 시작되었을까?

공동체 이름을 '오두막'으로 바꾼 2006년 3월이나, 공식적으로 '공동체'라고 이름 붙인 2001년 9월을 '오두막 공동체'의 시작으로 볼 수 있다. 아니면 아무런 이름도 없었지만 몇몇 출소자들과 그룹홈으로 모여 살기 시작한 1983년 11월을 출발점으로 잡아도 무방할 것이다.

하지만 오두막 공동체의 시원은 1983년 4월 24일까지 거슬러 올라가는 게 맞는 듯하다. 겉으로 드러난 것이 전부가 아니기 때문이다. 생텍쥐페리의 말처럼 정말 중요한 것은 눈에 보이지 않는다. 새싹이 나고 줄기가 자라고 열매를 맺으려면 그보다 앞서 씨앗이 심겨야 한다. 오두막 공동체도 눈에 보이게 나타나기 위해서는 우선 그 씨앗이 뿌려져야 했다. 1983년 4월 24일이 바로 그런 순간이었다.

너희가 너희 형제에게만 문안하면

그날 나는 부산의 대표적 인쇄 골목인 동광동 근처에 사무실을 얻어 에바다 출판사를 개업했다. 철쭉이 만개한 봄날, 개업 예배를 준비하러 나서는데 난생처음 소풍 가는 아이처럼 기분이 들떴다.

오래도록 간직해 온 꿈을 실현하는 첫걸음이었다. '이재영'이라는 이름에 '출판사 기획실장'이라는 직함이 붙는다는 생각만으로도 콧노래가 흘러나왔다.

나는 어려서부터 책을 좋아했다. 한때는 작가를 꿈꾸며 신문에 글을 투고한 적도 있었다. 그러나 번번이 퇴짜를 맞으면서 좋아하는 것과 잘하는 것이 다름을 깨달았다. 그럼에도 글은 나에게 여전히 매력적이었다. 글에는 사람을 변화시키는 힘이 있다고 믿었기 때문이다.

내가 글을 써서 먹고살 수 없으니, 다른 사람의 좋은 글을 책으로 만드는 일을 업으로 삼는 것으로 방향을 틀었다. 특히, 기독교 신앙을 바르게 전파하고 기독교 문화를 풍요롭게 하는 책을 내는 기독교 출판사를 세우는 것은 내 삶의 오랜 숙원이었다. '열리라'는 뜻의 '에바다'라는 출판사 이름에는 닫힌 마음이니 끊어진 관계들이 내가 만든 책을 통해 회복되기를 바라는 소망이 담겨 있었다.

에바다 출판사는 든든한 후원자들이 시작부터 함께했다. 출판사 사무실에 도착하자마자 후원자들을 맞이할 준비를 했다. 간단한 다과를 차리고 예배 순서지도 출력했다. 개업 예배 시간이 가까워 오자 지인들이 속속 도착했다.

참석한 이들과 개업 예배를 드리는 가운데 불현듯 성경 한 구절이 마음속에 떠올랐다. 그즈음에 묵상하던 마태복음 5장 47절 말씀이었다.

또 너희가 너희 형제에게만 문안하면 남보다 더하는 것이 무엇이냐? 이방인들도 이같이 아니하느냐? (마태복음 5:47)

개업 예배를 드리는 내내 그 한 구절이 머릿속에서 떠나지 않았다. 잉잉거리며 짜증나게 귓가를 맴도는 모기소리처럼 그 마음의 소리는 아주 작았지만 아예 무시해 버리기에는 은근히 신경에 거슬렸다. 뭔가 고민을 계속해야 한다고 자꾸만 말을 거는 것 같았다. '남보다 더하는 것'이 무엇일까? 나는 대답을 내놓아야 했다.

며칠 동안 그 물음을 붙들고 씨름하다가 그 성경 말씀의 앞부분에서 힌트를 얻었다. 형제에게만 문안하는 대신에 '형제가 아닌 사람'에게도 문안하는 일이 '남보다 더하는 것'이 아닐까?

그렇다면 내가 선뜻 '형제'로 여기지 못하는 사람은 누구일까?

그들을 찾아 인사를 건넨다면 비로소 나를 성가시게 하는 질문에서 벗어날 수 있을 터였다. 드디어 대답에 근접한 것 같았다. 그리고 곧 재소자들의 얼굴이 떠올랐다.

어떤 사람을 형제로 여기는가, 여기지 않는가의 범위는 사람마다 다르다. 내가 인사를 나눌 만한 대등한 자격을 지니지 못했다고 간주하는 사람으로는 어떤 사람이 있는가? 누군가에겐 그럴 자격이 없는 사람이 여성이나 외국인 노동자일 수 있으며, 다른 누군가에게는 가난한 사람이나 부유한 사람일 수도 있다.

아마 교도소에 수감 중인 이들을 떠올리는 사람은 많지 않을 것 같다. 하지만 내게 재소자들이 먼저 생각난 것은 그리 부자연스러운 일이 아니었다. 십대였던 1960년대 후반에서 삼십대가 된 1980년대 초반까지 '노엘 합창단'에서 활동하며 고아원, 소년원, 양로원을 비롯해 교도소에도 위문 공연을 다녔기 때문이다.

노엘 합창단은 1백여 명의 고등학교 대표들로 출발한 아마추어 합창단이었지만, 당시 국내에서는 찾아보기 드물었던 헨델의 "메시아" 전곡을 연주할 정도로 음악적 수준이 뛰어났다. 미국에서 악보를 구하고 지휘자를 초빙해서 하이든의 "천지창조"나 멘델스존의 "엘리야" 등을 국내 초연했을 정도였다.

합창단원들은 좋은 문화를 널리 나누자는 뜻으로 한마음이 되어 소외된 곳을 찾아갔다. 그래서 교도소에 종종 방문해서 재소자들을 만날 수 있었던 것이다. 하지만 공연을 위해 찾아간 교도소에서 재소자들과 진심을 나누는 일이란 거의 불가능했다. 나는 그들에게 다가가는 법을 몰랐고, 그들도 그들에게 필요한 요깃거리나 선물을 챙길 뿐이었다.

내가 '형제'로 여기지 못하는 사람들이 재소자이긴 한데, 어떻게 그들의 마음에 가닿는 진정한 인사를 건넬 수 있을지 바로 생각이 나지 않았다. 재소자들과 소통하려면 새로운 접근 방식이 필요할 것 같았다. 그때 번뜩 아이디어가 떠올랐다. '전도 책자를 만들어서 교도소에 보내 주자!' 이제 막 시작한 책 만드는 일과도 기가 막히게 어울리는 실천이었다. 곧바로 동료들과 함께 월간「에바다」 제작에 착수했다.

잡지를 만드는 과정은 순조로웠다. 정기구독자와 후원자들을 모집해 제작비를 충당했다. 갱생보호공단에서도 무척 반가워하며 전국 교도소와 연결해 주었다.

잡지의 내용을 채우는 일도 수월했다. 부산 지역의 덕망 있는 목회자들을 고문으로 모셔서 그분들의 설교문을 실었고, 부산대학교와 고신대학교 교수들의 강연문과 주요 매체 언론인들의 시론 그리고 사진작가들의 포토에세이, 성경 콩트, 신앙 고백문 해설, 재소자 수기 등을 고루 담았다.

1983년 9월 28일에 「에바다」 창간호를 시작으로 매월 2천 부씩 찍어 전국 교도소에 50부 또는 100부씩 보냈다. 재소자들을 위한 신앙 잡지는 「에바다」가 국내 최초였다.

"여기가 에바다 선교회 맞습니까?"

하나님의 질문에 나는 월간 「에바다」로 응답했다. 형제로 여기지 못했던 이들에게 진정한 인사를 건네는 일을 실천하고 있으니 남들보다 더하면 더하는 것이지, 덜하거나 못하는 것은 아니라고 생각했다.

그런데 그것은 끝이 아니라 시작이었다. 「에바다」 창간호를 전국 교도소에 배포한 지 한 달이 채 지나지 않은 때였다. 처음 보는 사람이 출판사 사무실 문을 불쑥 열고 들어왔다.

"저…잡지에 있는 주소를 보고 왔는데요, 여기가 에바다 선교회 맞습니까?"

출판사 사무실에 와서 '에바다 선교회'를 찾다니 뭔가 이상했다. 아마 '노엘 선교단' 산하에 있는 '에바다 출판사'와 혼동한 모양이었다. 영문을 몰라 잠시 눈만 껌뻑거리다 정신을 차리고 일어나 그를 맞이했다.

"여기가 에바다 출판사이긴 합니다. 그런데 여기는 노엘 선교단 산하의 출판사 사무실…."

화창한 봄날에 어울리지 않는 허름한 한겨울 파카를 입은 그는 내 말에 반색하며 사무실로 성큼 들어섰다.

"여기가 맞네요! 저, 「에바다」 보고 왔어요. 어제 출소했습니다."

처음 만난 사람이 다짜고짜 "어제 출소했다"고 자기소개를 한다면 뭐라고 대꾸해야 할까? 축하드립니다? 수고하셨습니다? 식사는 하셨, 아니 두부는 드셨습니까? 아직 적절히 대응할 말을 궁리하고 있는데, 그는 아랑곳하지 않고 말을 이었다.

"감옥에서 신앙을 가지게 되었습니다. 「에바다」를 읽으면서 은혜를 많이 받았고요. 하나님이 저처럼 못난 놈도 사랑하신다는 걸 알았어요. 기도라는 걸 하면서 신학을 공부하고 싶어졌는데요, 혹시 좀 도와주실 수 없겠습니까?"

도대체 이게 무슨 상황인지 종잡을 수 없었다. '좀' 도와 달라는 말은 뭘 얼마나 도와달라는 말일까? 신학교 등록금을 후원해 달라는 말인가? 아니면 신학교 입시 공부를 시켜 달라는 말인가? 내가 이 사람을 얼마나 도와줄 수 있을까? 선뜻 도와 주겠다고 대답하기가 어려웠다.

어쨌든 그가 「에바다」를 읽고서 출소하자마자 여기까지 달려 왔다는 사실만큼은 분명했다. 우리를 믿고 부산까지 찾아온 사람을 박대할 수는 없었다. 우리가 건넨 인사가 적어도 한 명의 재소자의 마음에 닿았다는 뜻이기도 해서 고마웠다.

그의 진지한 태도를 보니 그저 돈을 뜯어내려고 거짓말하는 사람처럼 보이지는 않았다. 잠시라도 머물 곳이 필요해 보여서 약간의 여비를 챙겨 주었다. 방법을 찾아보겠으니 사나흘 후에 다시 오라고 이야기하면서.

다음 날이었다. 또 한 명의 낯선 방문자가 출판사 사무실 문을 두드렸다.

"여기가 「에바다」 선교회 맞습니까?"

어제와 똑같은 상황이었고, 어제 찾아온 사람과 똑같은 용건이었다. 그도 신학을 해서 목사가 되고 싶은데 방법이 없겠느냐고 물었다. 난처했다. 이제 갓 개업한 작은 출판사가 어떻게 출소자들의 신학교 입학을 위한 뾰족한 대책을 마련하겠는가.

정작 문제는 목사가 되겠다는 사람만 찾아온 것이 아니었다는 사실이다. 그날 이후로 다양한 출소자들이 다양한 하소연을 하며 다양한 지원을 요청했다. 어떤 사람은 장사를 하고 싶으니 밑천을 빌려 달라고 했고, 또 다른 사람은 아예 출판사에 취업을 시켜 달라고 했다.

에바다 출판사는 사업을 해서 이윤을 남겨야 하는 회사였다. 게다가 신생 출판사였기에 살아남기 위해서 전력을 쏟아야 했다. 그들을 돌볼 여력이 없었고, 그들을 도울 재력은 더더욱 없었다. 생전 처음 보는 출소자들의 생계를 챙겨 주다가는 함께 일하는 동료들의 생계가 위태로워질 지경이었다.

단순한 순종

거기까지가 한계였다. 그 정도면 할 만큼 한 셈이었다. 나로서는 도와줄 시간도, 돈도 없었다. 출소자 지원을 전담하는 정부 기관은 따로 있었다. 지금은 '법무보호복지공단'으로 이름이 바뀐 갱생보호공단에서는 교도소에서 나온 이들이 사회로 복귀할 수 있게 지원하고 있었다. 그래서 돌아갈 집도, 가족도 없는 이들은 일단 그곳에 몸을 의탁했다.

하지만 전과자 출신이 갱생보호공단에서 얻을 만한 일은 그리 많지 않았다. 더럽고 힘들고 위험한 일, 소위 '3D' 업종뿐이었다. 게다가 교도소만 나오면 자유를 한껏 만끽하겠다고 벼르던 이들이라 갱생보호공단의 엄격한 내부 규율에 적응하지 못하고 뛰쳐나오는 경우가 많았다.

정부 기관에게도 만만치 않은 과업을 어떻게 나 혼자서 감당한다는 말인가. 더 이상은 과욕이거나 만용인 것 같았다. 바로 그때였다.

'믿느냐?'

아주 단순한 질문이 마음속에 떠올랐다. 그 물음은 끊임없는 상념을 단칼에 잘라 버렸다.

'네가 믿느냐? 예수님을 믿느냐? 성경을 하나님의 말씀이라 믿느냐?'

이것은 내가 뭔가를 충분히 가지고 있느냐, 없느냐 하는 문제가 아니었다. 나는 내가 어떤 결정적 기로에 서 있음을 직감했다.

오직 너희 말은 옳다 옳다, 아니라 아니라 하라. 이에서 지나는 것은 악으로부터 나느니라. (마태복음 5:37)

주님을 믿느냐 마느냐? '예'냐 '아니요'냐? 둘 중 하나만 선택해야 한다면 오히려 대답은 쉬웠다. 나는 마음으로 고백했다.

'믿습니다.'

순종이란 복잡하지 않으며, 완벽해야 하는 것도 아니다.

누구든지 너희가 그리스도에게 속한 자라 하여 물 한 그릇이라도 주면 내가 진실로 너희에게 이르노니 그가 결코 상을 잃지 않으리라.

(마가복음 9:41)

단순한 순종이 진정한 순종이다. 그저 말씀대로 순종한다면 아무리 보잘것없는 행위라도 넉넉하며, 혹여 말씀대로 순종하지 않는다면 아무리 거창한 선행을 해도 모자란다.

그때부터 물 한 그릇이라도 주려는 심정으로 인맥과 자원을 총동원했다. 출소자들이 지낼 거처를 마련하고 생활비를 지원했다. 처음에 신학교에 진학하고 싶다며 찾아왔던 도광과 진근을 비롯한 몇몇 사람은 학력이 낮아 우선 성경학교에 진학시켰고, 김해 교도소 출신의 두 사람은 대형 목재 공장에 취직시켰다.

밑 빠진 독에 물 붓기

목재 공장에 취업을 한 두 사람이 한 달도 지나지 않아 일터를 뛰쳐나와 사무실에 씩씩거리며 들이닥쳤다. 자기들을 악질 기업에 취업시켰다면서 길길이 화를 냈다. 며칠 후 이번에는 성경학교에 입학했던 사람들이 도광과 진근만 빼고 전부 사라졌다. 생활비와 학비를 고스란히 가지고서.

그런데 이후에 줄줄이 터진 사건들에 비하면, 돈만 챙겨서 가 버린 사람은 그나마 양반이었다. 어느 날인가는 출판사로 전화 한 통이 걸려 왔다.

"*김해철 씨 보호자 되십니까? 여기 경찰섭니다."

내가 김해철의 보호자라고? 영문도 모른 채 경찰서에 가 보니, 해철이 지나가던 사람과 시비가 붙어 폭행을 하고서는 경찰에게 나를 보호자라고 진술한 모양이었다.

경찰은 나를 보자 이렇게 경고했다.

"오늘 합의 안 되면 구속입니다. 김해철 씨는 별이 많네요."

보호자라고 하기에는 그 사람에 대해 아는 게 너무 없었다. 그가 도와달라고 사무실로 찾아왔기에 얼굴 한번 봤을 뿐이었다. 내가 과연 보호자 역할을 해 줄 수 있을지 자신이 없었지만, 합의가 안 되면 그가 다시 감옥에 간다는 말에 가슴이 철렁 내려앉았다.

구속만은 막아야 한다는 생각에 피해자에게 무릎을 꿇고 합의를 청했다. 피해자에게 적지 않은 합의금을 주고 경찰서를 나오는 길에 해철이 말했다.

"진짜 가족한테 연락하면 모른다고 딱 잡아뗄 게 뻔해서, 집사님 이름을 댔어요."

너무 기가 막혀서 뭐라 대꾸하지도 못했다. '진짜' 가족도 외면하는 그런 사람의 보호자 역할을 덜컥 떠맡게 된 부담감에 마음이 무거웠다.

그런데 그와 같은 사람은 한두 명이 아니었고, 그와 같은 사건, 사고도 한두 번이 아니었다. 술집에서 행패를 부려서 경찰에 붙잡혀서 연락을 하는 사람은 부지기수였고, 싸우다 다쳐 병원 응급실에 실려 가서는 의사까지 때리고 연락한 경우도 있었다. 수습하러 찾아가면 내 태도가 건방지다며 나에게까지 시비를 걸기도 했다.

그들은 도통 답이 나오지 않는 골칫거리였다. 그럼에도 나에겐 오직 그들이 다시 감옥에 가지 않도록 막아야겠다는 일념뿐이었다. 나는 경찰서에서, 병원에서, 피해자들 앞에서 그들을 대신해 옹송그리며 사과하고 빌었다.

그러던 어느 날이었다. 폭행으로 구속된 어떤 사람을 합의금을 주고 경찰서에서 빼내 주었다. 그런데 경찰서 문 앞에서 그는 이렇게 말했다.

"그냥 두면 알아서 할 걸, 미쳤다고 합의금을 줘요? 합의금 줄 돈 있으면 나한테나 주지."

그러고 나서 그는 침을 퉤, 뱉고는 떠나 버렸다. 망치로 뒤통수를 한 대 얻어맞은 듯 아찔했다. 그날 밤에는 자꾸 치밀어 오르는 분노를 어쩌지 못해서 잠조차 이룰 수 없었다.

그렇지만 나는 도움을 청하는 이들을 계속해서 도우려 애썼다. 아마 막연한 책임감 때문이었을 것이다. 누군가가 찾아와 털어놓은 딱한 사정을 들을 때마다 내가 잡지에 실었던 듣기 좋은 말들이 겹쳐서 떠올랐다. 말만 번지르르하게 하고 행동으로는 책임지지 않는다면 예수님의 이름에 먹칠하는 셈이었다.

나는 있는 힘을 다해서, 또 없는 힘까지 짜내서 그들을 도왔다. 그럼에도 출소자들 열에 아홉은 금세 무너졌다. 나는 그들의 뒤치다꺼리를 하느라 밥도 제때 못 먹고, 잠도 제때 잘 수 없었다. 그들과 얽힌 내 일상은 그렇게 무너지고 있었다.

감옥 바깥의 감옥

왜 출소자들은 감옥에서 나와 잘 살아 보겠다고 굳게 결심하고서는 번번이 과거의 삶으로 돌아가고 마는 것일까? 의지가 약해서일까, 본성이 악해서일까? 아니면 또 다른 이유가 있는 것일까? 그들은 과연 개과천선이 가능한가?

교도소는 정말 그 이름처럼 '지난날의 잘못이나 허물을 고쳐 올바르고 착하게' 되도록 가르치고 이끄는 곳인가? 보통은 감옥을 범죄자가 죗값을 치르는 곳으로만 여길 뿐, 교화가 이루어지는 장소로 간주하지 않는다. 오히려 한 번 감옥에 갔던 사람을 장차 감옥을 제집처럼 들락거릴 사람으로 바라보기 십상이다. 전과는 낙인이다. 그 낙인은 좀처럼 감추어지지도, 지워지지도 않는다.

출소자가 제아무리 결심과 의지가 확고하다 해도 혼자서는 개과도, 천선도 할 수 없다. 사회가 뒷받침해 주어야 가능하다. 그럼에도 그들은 출소 후 대부분 혈혈단신으로 방치된다. 그들을 지원해 줄 가족이나 친척을 만나지 못하는 경우가 허다하다. 오래 떨어져 지내 연락이 끊겨 버린 가족을 찾으러 동사무소에 가서 가족의 주소를 조회하려고 하면, 가족의 요청으로 주소를 알려 줄 수 없다는 대답마저 듣곤 한다.

전과자들은 보통 삼중고를 겪는다. 첫째가 사회적 편견과 차별이고, 둘째가 신체적 질병이며, 셋째가 알코올중독이나 우울증 같은 정신적 질병이다. 거의 예외가 없다. 짧게는 10년 길게는 30년 넘게 범죄자로 살아온 탓이다.

무엇보다 전과자들은 사회적 관계 맺기에 취약하다. 그들에게 익숙한 것은 오직 교도소의 논리다. 교도소에서는 죄질이나 수형 경력, 주먹, 나이 등에 따라 서열이 명확하게 정해진다. 그리고 만사는 서열에 따라 굴러간다.

물론 사회에도 서열이 있긴 하지만 교도소처럼 고정된 계급은 아니며, 사회생활에서는 교도소와 달리 역할이나 능력, 외모, 취향, 규범, 명분 등 훨씬 복잡한 요인들을 염두에 두고 처신해야 한다. 일반인에게는 자연스러운 과정이 출소자들에게는 불가능하게 느껴질 정도로 까다로운 과업이다. 그래서 출소자들은 회사에 취직해도 한 달도 못 견디고 나오는 경우가 태반이고 끽해야 반년도 채우지 못하는 경우가 흔하다. 그 이상 일하는 사람은 각고의 노력을 기울였다고 보면 된다.

이처럼 이들은 사회의 논리를 이해하고 적응하는 것도 쉽지 않은데 '전과자'의 낙인을 지닌 채 차별받고 배제되는 불리한 조건을 떠안고 다시 시작해야 하는 것이다.

출소자들에게 사회는 감옥 바깥의 감옥이나 마찬가지다. 교도소에서는 눈에 보이는 벽으로 그들을 가둔다면, 사회에서는 보이지 않는 벽으로 그들을 옥죈다. 그래서 차라리 익숙하고 그나마 덜 외로운 교도소가 낫다고 생각해 일부러 죄를 짓는 출소자들도 있을 정도다. 사회에서 그들의 이런 사정까지 헤아리는 사람은 거의 없다.

한 몸으로 살다

> 너희는 유대인이나 헬라인이나 종이나 자유인이나 남자나 여자나 다 그리스도 예수 안에서 하나이니라. (갈라디아서 3:28)

그리스도인은 예수님 안에서 모두가 '하나'라고 고백한다. 하지만 실제 삶으로 출소자들과 한 몸임을 고백하는 사람이 지금도 거의 없고, 앞으로도 없을 것 같았다. 그들을 돕겠다던 나조차도 꼬꾸라져 있을 따름이었다.

내게는 이 상황을 스스로 헤쳐 나갈 힘이 없었다. 무너진 일상에 무력감과 좌절감이 엄습했다. 그런데 그것은 바로 출소자들을 짓누르는 감정이기도 했다. 그들과 나는 그렇게 무력감과 좌절감을 공유하며 하나로 이어져 있었다.

그제야 그런 절망감에 굴복하지 않고 열심히 성경학교를 다니는 도광과 진근의 얼굴이 아른거렸다. 그리고 선교회에 합류한 윤무휴 전도사와 출소자 출신인 이원록 전도사, 황정렬 전도사의 얼굴도 머릿속에 스쳐 갔다. 개업 예배를 드리다가 하나님의 세미한 음성을 들었던 순간과 「에바다」 창간호를 받아 들고선 가슴 벅차하던 순간도 새록새록 떠올랐다.

나는 주저앉고 말았지만 하나님은 내 손을 잡으셔서 다시 일으키시려 한다는 것이 느껴졌다. 그때, 한 가지 결심을 했다.

너희는 그리스도의 몸이요 지체의 각 부분이라. (고린도전서 12:27)

'이들과 같이 살면서 한 몸이 되어야겠다. 함께 산다면 지금보다는 나아지지 않을까?' 바로 이 결심이 오늘날 오두막 공동체의 뿌리가 되었다.

1983년 11월 15일, 출판사 근처의 달동네에 다섯 칸의 쪽방을 빌려 출소자 그룹홈을 열었다. 낮에는 출판사에서 끼니를 해결했고, 밤에는 방 크기에 따라 두세 명씩 잠을 잤다. 아침저녁으로 함께 예배도 드렸다. 나중에는 사람이 점점 많아져 열 칸을 빌려도 모자랐다.

그렇게 출소자 그룹홈으로 시작된 공동 생활은 30년이 넘는 지금까지도 이어져 오고 있다.

"왜 이런 일을 하세요?"

오두막 공동체에 찾아온 사람들이 물을 때마다 나는 이렇게 대답한다.

"이유가 없어요."

우리는 이런 '일'을 하는 것이 아니다. 그저 이런 '삶'을 살고 있을 뿐이다. 물론 처음에는 이유도 없지 않았다. 하지만 살다 보니 그 이유라는 것들이 점차 사라졌다. 이제 우리는 그냥 살아가고 있다. 함께 사는 데 별다른 이유가 필요하지 않은 까닭이다. 우리는 그리스도 안에서 한 몸이니까 함께 사는 것뿐이다.

이것이 기십 년을 거쳐 얻게 된 깨달음이라면 깨달음이다.

2장

꿈꾸고 사랑하며

내가 보기에 그녀는 구도자였다.
그녀에게 절실한 것은 인간적 위로가 아니라
그리스도의 진리였다.
나는 그녀의 진지한 추구를 알아보았고,
그녀도 내가 그 점을 꿰뚫어 보고 있음을 알아차렸다.
우리는 서로를 알아보았다.
그날 이후로 우리는 자주 대화를 나누었다.

무료 병원을 향한 꿈

"젊은이는 소원이 뭐요?"

1984년 봄날, 어렵사리 만난 장기려 박사에게 들은 첫마디다. 나는 용기를 내서 찾아간 목적을 말씀드렸다.

"박사님이 '청십자의료보험조합'을 설립하셔서 많은 사람이 혜택을 받는 게 사실입니다. 하지만 여전히 돈 없는 사람들은 병원 문턱도 밟아 보지 못하고 죽어 가고 있습니다."

사람들이 죽어 간다는 말에, 장 박사의 두 눈동자가 동그란 안경 위로 쑥 올라갔다. 나는 장 박사에게 양로원에 봉사활동을 갔다가 들은 이야기를 전했다.

"여러 양로원에서 중병에 걸린 노인들을 으슥한 방에 몰아넣고 죽어 가도록 방치한다고 합니다. 외부인은 절대 접근하지 못하도록 경비까지 세워 두고요. 돈이 없다고 죽도록 방치하는데, 현대판 고려장이 따로 없습니다. 그런데 양로원 운영자들이 한 명 빼고 모두 기독교인이라고 합니다. 양로원에 갇혀 있는 분들을 살려야 하지 않을까요?"

1989년에야 전 국민을 대상으로 하는 의료보험 제도가 시작되었으니, 1980년대 초반인 당시에 의료 제도가 체계적일 리 없었다. 특히 가난한 사람들은 의료 혜택을 받기 힘들었다. 극빈자를 위한 의료보호카드가 있긴 했지만 정부가 의료비를 보장하는 것이 아니라 병원의 선처를 권고하는 식이었다. 그러니 가난한 환자들은 병원에서 문전박대당하기 일쑤였다. 오갈 데 없는 노인들을 돌보아야 할 양로원에서 그분들을 방치하는 까닭도 거기 있었다.

"비록 가진 것은 없지만 무료 병원을 시작해 보려고 합니다. 그런데 이 분야에 대해 아는 게 전혀 없어서 박사님의 도움을 받고 싶습니다."

장기려 박사는 눈을 감고 잠시 생각에 잠겼다. 그러고 나서 안경을 올리더니 내 눈을 바라보았다.

"젊은이, 용기가 참으로 가상하오."

장기려 박사에게 '용기 있는 젊은이'라는 말을 들으니 뭔가 뜨거운 것이 올라와 울컥했다. 그런데 예상과 달리 찬물을 끼얹는 말이 이어졌다.

"헌데, 이런 일은 용기민 가지고 될 일이 아니라오. 그러니 그냥 돌아가시오."

장 박사의 대답은 냉정하고 단호했다. 단칼에 거절당하고 나니 머쓱하기도 했고 야속하기도 했다. 차마 무어라 대꾸하지도 못한 채 방을 나왔다.

지금 헤아려 보면 그 말이 백번 옳았다. 나는 무모해도 너무 무모했다. 하지만 밤에 자려고 누우면 양로원 할머니, 할아버지들이 눈앞에 아른거려 잠이 들지 않았다. 장기려 박사조차 고개를 저은 일이었는데도 말이다.

그런 내 모습이 낯설었다. 남들보다 내가 착하거나 신앙심이 투철한 편도 아니었다. 그런데도 하나님을 믿는다는 사람들이 힘없고 약한 노인들을 죽어 가게 내버려 두고 있다는 사실이 못 견디게 분하고 속상했다.

뜻이 있는 곳에 길이 있다고 했던가. 출판사 바로 옆 동네에 자리한 병원의 원장이 세상을 떠나 문을 닫는다는 소문이 들렸다. 10개의 입원실과 웬만한 진료 장비들을 갖춘 병원이었다. 의사와 간호사만 채용하면 곧바로 운영할 수도 있었다.

나는 수소문해서 상속자를 찾아냈다. 취지를 설명했더니 비교적 좋은 조건에 병원을 빌려주었다. 그 병원에 근무했던 사무장과도 연락이 닿아 그에게 병원 운영 전반을 맡겼다.

1984년 6월 1일, 에바다 출판사에 이어 '에바다 의원'이 그렇게 시작되었다. 붉은 벽돌로 지은 3층짜리 아담한 건물에는 큼직한

창문이 여러 개 시원하게 나 있었다. 길가를 마주보는 3층 높이의 벽에는 진한 녹색으로 '에' '바' '다' '의' '원'이라고 한 글자씩 적은 간판을 높이 달았다.

개원하고 나서 가장 먼저 주변 양로원에 계신 할아버지, 할머니들을 모셨다. 부산침례병원과 협력 진료를 한 덕에 그분들은 모두 치료를 잘 받으셨다. 또 노엘 선교단의 후원을 받아 출소자뿐 아니라 재소자들의 가족들도 무료로 진료해 주었다. 통증을 숙명처럼 떠안고 살던 사람들에게 치료는 그 자체로 복음이었다. 매끼를 걱정해야 할 만큼 가난한 사람들이었지만, 진료를 받고 통증이 사라져 문을 나설 때는 세상 누구보다 행복한 사람처럼 보였다.

한번은 유문협착증으로 장이 꼬여 거의 죽을 지경이 된 세 살 아기를 고친 적도 있다. 수술을 받아야 했는데, 수술 비용이 250만 원이었다. 요즘 시세로 치면 거의 천만 원에 가까웠다. 아기 아버지는 사업에 실패하고 졸지에 전과자가 되었는데, 돈이 전혀 없으니 속수무책으로 발만 굴렀다.

나도 그만한 돈을 갑자기 마련할 수 없어서 일단 내 이름으로 보증을 서고 부산침례병원에 의뢰하여 수술부터 받도록 했다. 다행히 경과가 좋았고 아이는 건강을 되찾아 퇴원했다. 나는 병원 인쇄물을 제작해서 납품하는 방식으로 그 빚을 갚았다.

에바다 의원에서 가난한 사람들을 공짜로 치료해 준다는 소문이 급속도로 퍼졌다. 돈이 없어 치료받을 생각도 하지 못하던 환자들이 밀물처럼 들이닥쳤다.

위기의 순간에 나타난 천사

에바다 출판사와 출소자 그룹홈을 유지하는 일은 어려웠다. 하지만 무상으로 진료하는 에바다 의원을 운영하는 것에 비할 바 아니었다. 차마 거절할 수 없는 환자들이 너무 많았다. 재정과 인력 상황은 날로 나빠졌다. 정말 '미션 임파서블'이었다. 장기려 박사가 허투루 경고했던 게 아니었음을 날마다 뼈저리게 실감했다.

설상가상으로 에바다 의원은 개원 이래 최대 위기에 봉착했다. 가장 큰 후원자였던 고(故) 김선옥 변호사의 사업이 부도가 난 것이다.

"이대로 가면 저희도 파산할 것 같습니다."

동료들과 대책을 논의했지만 뾰족한 수가 없었다. 방 안에는 무거운 침묵만 흘렀다. 그러다 누군가 말을 꺼냈다.

"교회에 도움을 청하면 어떨까요? 부산에 교회가 얼마나 많습니까? 그 많은 교회 중에 분명 도와줄 교회가 있을 거예요."

"좋은 생각이네요. 어림잡아 천 개 교회에서 매월 만 원씩만 헌금해 주면 계속 운영할 수 있어요."

간절한 마음을 담아 호소문을 쓰고 봉투마다 교회 이름을 일일이 적어 천여 통의 후원 편지를 띄웠다. 하지만 그 많은 교회에서 아무 응답이 없었다. 그렇게 많은 환자가 에바다 의원을 알고 찾아오는데, 교회에서는 에바다 의원이 있는지조차 모르는 듯했다.

다른 방법을 구해야 했다. 기도하는 중에 지혜가 떠올랐다.

"출판사에 딸린 인쇄소가 있으니 부산침례병원과 제약회사들이 만드는 인쇄물을 수주해 봅시다."

그나마 이 방법은 통했다. 병원과 제약회사에서 흔쾌히 호응해 주어서 밀린 빚을 어느 정도 갚았다.

하지만 그조차도 언 발에 오줌 누기였다. 끝도 없이 밀려드는 환자들을 무료로 진료하는 일은 점점 힘겨워졌다. 돈 없는 환자들 중 일부만 선별해 받든지, 아니면 아예 문을 닫아야 할 지경이었다. 이제 그만두라는 하나님의 신호가 아닌지를 진지하게 고민했다.

바로 그때 하나님은 평생 동역자가 될 천사를 보내 주셨다.

"병원 사정이 좋지 않다고 들었습니다. 혹시 제가 도움을 드릴 수 있을까 합니다만."

병원 사무실에 찾아온 그녀는 스스로를 불교 신자로 소개했다.

기독교 정신으로 운영하는 의원임을 알지만 종교를 떠나 가난한 사람들에게 무상 의료를 베푸는 일에 동참하고 싶다고 했다. 그녀는 거액이 든 봉투를 탁자 위에 올려 두고는 돌아갔다. 이후로도 그녀는 두어 차례 더 두툼한 봉투를 들고 사무실에 나타났다. 그 덕에 재정에는 숨통이 트였다.

"오늘부터는 몸으로 봉사하고 싶습니다."

어느 날 그녀는 모아 둔 돈이 떨어져서 이제는 자원봉사를 하겠다고 했다. 그날부터 거의 매일 병원에 나와 복도를 청소하고 환자들을 안내하는 일을 도맡았다.

이야기를 나누고 삶을 나누고 싶은 사람

한숨을 돌리고 나니, 비로소 그녀가 보였다. 그녀는 눈이 크고 아담한 것이 동양적 미와 서양적 미가 조화를 이룬 '이태리 여자' 같았다. 이 사람은 어떤 생각으로 이렇게 많은 돈을 기부하고, 열심히 봉사하는 것일까? 감사한 마음만큼 궁금증도 커져 갔다.

어느 날, 궁금증을 이기지 못하고 물었다.

"감사 인사를 몇 번 드리긴 했지만, 어떻게 종교도 다른 우리 병원에 거액의 기부금을 쾌척해 주시고 또 이렇게 헌신적으로 봉사해주시는 것인지 여쭈어 보아도 될까요?"

그녀는 가만히 고개를 숙이고서는 아무 말이 없었다.

"…"

"이거, 괜한 말씀을 드려 불편하게 만들었네요. 죄송합니다."

"아, 그런 건 아니에요. 실장님께 말씀드리지 못할 일은 아니지만, 구차한 사연이라서…"

그녀는 조심스레 말문을 열었다.

"사실, 그 돈은 젊을 때 은행에 다니며 모은 전 재산이었어요."

"전 재산이라고요?"

"네. 원래는 전 재산을 기부하고 죽으려 했지요."

이태리 여자 같은 미인이 아주 담담하게 한 문장에 기부와 자살을 넣어 말하는데, 선뜻 이해가 되지 않았다. 혼란스러웠다.

"얼마 전에 이혼을 했어요. 중매결혼이었는데, 남편 될 사람이 사법고시를 준비하는 똑똑한 사람이라고 했어요. 그런데 막상 결혼하고 보니, 결혼 생활이 불가능한 사람이었지요. 걸핏하면 욕하고 때리고 그리고, 그리고 다른 여자들과…"

그녀는 차마 말을 마치지 못했다. 두 눈에 차오른 눈물이 끝내 흘러내렸다.

"참을 만큼 참았지만 그 결혼은 도저히 유지할 수 없었어요. 결국 이혼을 했죠. 이혼은 집안에서는 상상도 못할 일이었어요. 다들 웬만하면 그냥 모른 척 살지, 무슨 이혼이냐고 그랬어요. 죽을 것 같아서 이혼했는데, 막상 법도를 저버린 이혼녀가 되고 보니 무슨 낯짝으로 살아갈 수 있을지도 모르겠고 딱 죽고만 싶었어요. 더 살아서 뭐하나, 가진 재산이나 기부하고 세상을 뜨자, 그런 결심을 하고 에바다 의원에 찾아왔던 거예요."

마음이 몹시 무거웠다. 그 기부금에 한 사람의 전 재산과 목숨이 걸려 있었을 줄은 꿈에도 몰랐다.

"그래도 에바다 의원에 기부한 건 다행이에요. 뭔가 의미 있는 일을 했다는 생각이 들었거든요. 무의미하고 무가치하게만 보이는 인생에서 의미를 찾을 수 있다니, 놀랍기도 했고 힘이 나기도 했어요. 여기서 봉사할 때만큼은 계속 살아야 할 의미가 있을 수 있겠다는 생각이 들어요."

무어라 위로의 말이라도 한마디 하고 싶었지만 내 입에서는 생뚱맞게 이런 말이 튀어나왔다.

"혹시 교회에 가 보신 적이 있습니까?"

"네? 글쎄요. 교회에 한 번도 안 가 본 사람이 있을까요? 친구 따라 몇 번 다녀 봤어요."

멍청하게 들릴 것이라고 생각하면서도 말을 멈출 수 없었다.

"그런데 왜 교회에 다니지 않으셨어요?"

"교회에서 사람을 가만히 놔두지를 않더라고요. 믿으라고 강요하고, 이거 해라 저거 해라 강압적으로 시키고. 말만 하고 행동은 하지 않고…."

"제가 그리스도인인 것은 아시죠? 저도 마음에 안 드십니까?"

질문이 당황스러웠는지 그녀는 눈길을 떨어트렸다.

"아, 다른 뜻이 있어서 그런 게 아닙니다. 혹시 기독교의 진리에 대해 좀더 들어 볼 의향이 있으신가 해서요."

그제야 그녀는 나를 쳐다보았다.

"법이란 깨어지기 위해 존재하는 겁니다. 법은 사람을 위해 있는 것이지, 사람이 법을 위해 있는 게 아닙니다."

그녀의 눈빛이 반짝거렸다.

"예수님은 인간을 위해 법을 깨트리심으로써 법을 온전케 하셨어요. 많은 사람이 법으로 질서를 유지한다고 생각하지만, 예수님은 모든 법을 단 하나의 법으로 줄여 '새 계명'을 주셨어요. 예수님은 '내가 너희를 사랑 한 것같이 너희도 서로 사랑하라'(요한복음 13:34)고 하셨습니다. 새 계명은 바로 사랑입니다.

성경은 유일한 사랑의 법을 통해 우리가 자유와 평화를 누리도록 안내하는 책이지요. 이를 통해 우리는 온전한 자유와 온전한 평화를 누릴 수 있어요."

그리 쉬운 이야기가 아니었음에도 그녀는 단번에 이해했다.

"법도를 지키지 못하는 게 문제가 아니라 사랑의 길을 찾지 못하는 게 문제라는 말씀인가요?"

"네, 그렇습니다. 기독교의 성인 아우구스티누스는 '먼저 하나님을 사랑하라. 그리고 네 마음대로 하라'고 말했습니다. 사랑이 유일한 길이지만 사람의 힘만으로는 진정한 사랑을 찾을 수 없어요. 그리스도의 영이 우리와 함께하실 때만 가능합니다. 성경은 '주님의 영이 계신 곳에는 자유가 있다'(고린도후서 3:17)고 합니다."

"좋은 말 같긴 한데, 그래서 뭘 어떻게 해야 한다는 거죠?"

"주님의 영은 하나님의 말씀과 기도로 우리에게 찾아오십니다. 성경을 읽고 기도하는 게 필요해요."

"저는 기도할 줄 모르는데요."

"마음에 떠오르는 생각들을 편하게 털어놓으세요. 하나님은 서투르더라도 솔직한 기도를 더 잘 들어주시거든요."

내가 보기에 그녀는 구도자였다. 그녀에게 절실한 것은 인간적 위로가 아니라 그리스도의 진리였다. 나는 그녀의 진지한 추구를 알아보았고, 그녀도 내가 그 점을 꿰뚫어 보고 있음을 알아차렸다. 우리는 서로를 알아보았다.

그날 이후로 우리는 자주 대화를 나누었다. 그녀는 신앙에 대해 물었고, 나도 성심성의껏 답했다. 얼마 지나지 않아 그녀는 이렇게 말했다.

"실장님이 믿는 하나님이라면 저도 믿을 수 있을 것 같아요. 실장님이 믿음대로 행하며 사는 모습을 직접 보니 신뢰가 가네요."

우리는 신앙에 대해 이야기를 나누다가 좋아하는 음악에 대해서도 이야기를 나누었고, 좋아하는 풍경에 대해서도 이야기를 풀어 갔다. 말이 통하고 마음이 통했다. 우리는 계속해서 이야기를, 마음을 나누고 싶었다. 결국 우리는 생을 함께하기를 바라게 되었다.

나도 그녀처럼 첫 번째 결혼에 실패한 다음에 다시 누군가를 만날 생각을 전혀 하지 못하던 처지였다. 같은 아픔과 같은 믿음을 공유한 우리는 인생을 공유하는 부부가 되기로 용기를 냈다.

하나님이 보내 주신 천사 같은 그녀가 바로 나의 아내 최영희다. 두 번째 결혼식을 거창하게 치르는 것이 쑥스러워 경남 창원의 어느 호텔에서 친지들만 불러 조촐하게 예배드리고 식사하는 것으로 결혼식을 대신했다. 우리 두 사람 모두 정확한 날짜를 기억하지 못해 기념하지도 못하는 1984년의 어느 가을날 이래 우리는 함께 삶을 나누며 계속해서 즐겁게 이야기를, 마음을 나누고 있다.

아내와 함께 살아온 날들은 참으로 행복했다. 아내는 언제나 쉴 만한 물가와 같았고, 나 또한 아내에게 편히 기댈 만한 언덕이 되고자 애썼다. 아내가 없었다면 오늘의 나는 결코 없었을 것이다.

3장

문 밖에 서서

위선자!
내가 그토록 혐오하고 경계한 위선자가 바로 나라면?
그것만은 참을 수 없었다.
괴로움을 이기지 못하고 스스로를 비난하며 난도질하는 사이
내 마음은 온통 피투성이가 되었다. 더는 버틸 힘이 없었다.
나는 아내에게 선교회 일을 그만두겠다고 말했다.
소중한 아내마저 잃고 싶지는 않았다.

열에 하나

1984년부터 우리 부부가 도와준 출소자들 가운데 열에 아홉은 재기에 성공하지 못하고 과거의 늪으로 빠져들었다. 처참한 결과였다. 그렇다고 그 일을 그만둘 수는 없었다. 그 와중에도 열에 하나는 무너지지 않고 일어섰기 때문이다. *성호와 도광이 바로 그런 사람들이었다.

성호를 처음 만났을 때 그는 주민등록이 말소된 상태였다. 범죄를 저지르고 도망 다니느라 주소지 관리를 하지 않았고, 오랜 수감 생활로 '주거 부정' 상태가 되었기 때문이다. 나는 절차를 밟아 그의 주민등록을 복원하고 운전면허도 갱신해 주었다.

성호는 전과자인 탓에 구직이 어려웠다. 그러나 체념하는 대신 간절하게 기도하며 노력한 끝에 감사하게도 버스회사에 취직했다. 버스 기사 제복이 필요하다기에 나는 기쁜 마음으로 제복 한 벌을 맞춰 주었다. 가끔 버스에서 마주칠 때면 제복을 말끔하게 차려 입은 성호가 운전석에서 벌떡 일어나 90도로 인사하는 바람에 승객들의 눈이 휘둥그레졌던 모습이 아직도 눈에 선하다.

도광은 홀어머니 밑에서 크다가 11살에 어머니마저 여의고 고아가 되었다. 평범한 삶은 그날로 끝났다. 살아남기 위해 범죄에 가담했다. 군 법정에서 두 번이나 사형 선고를 받았지만 운 좋게 감형되어 목숨만은 부지했다.

그는 37살에 교도소에서 예수님을 영접하고 새로운 인생을 살겠다고 다짐했다. 하지만 출소하고 나서도 그에게 '평범한 삶'은 요원했다. 관계 맺기가 서툴러 주변 사람들과 사소한 일로 다투다 관계가 번번이 틀어졌고, 돈 벌기도 어려워 늘 궁핍했다.

그런 일을 겪으면 많은 출소자는 다시 범죄의 세계로 돌아가 살아갈 길을 찾지만 도광은 새로운 삶을 향한 꿈과 의지를 포기하지 않았다. 꾸준하게 출판사 앞에서 구두닦이를 하며 생활비를 벌어 야학을 다니며 공부했다. 결국 꿈꾸던 신학교에 입학했으며, 연애도 해서 갱생보호공단에서 주선한 합동결혼식을 올리고 단란한 가정을 꾸렸다.

도광은 나중에 울산에서 목회를 시작했다. 특별히 자신이 누리는 행복을 나누기 위해 매주 경찰서 유치장과 갱생보호공단을 돌며 말씀을 전하고 적은 수입을 쪼개 출소자들을 돕기도 했다.

지금은 하나님의 품에 안긴 성호와 도광 두 사람을 생각하면 이직도 가슴이 뭉클하다. 그들은 정말로 달라졌고 새로운 인생을 살

왔다. 드물긴 해도 기적 같은 변화가 일어나곤 했다. 그것이 바로 힘이 들어도 출소자를 돌보는 일을 지속하지 않을 수 없었던 이유다.

헌신에 서린 독기

열에 하나를 제외한 나머지는 그야말로 시련과 좌절의 연속이었다. 1983년부터 의욕적으로 시작한 선교회 일들을 하나둘씩 내려놓았야 했다.

에바다 의원은 고질적인 재정난을 버티지 못하고 결국 1985년 6월에 문을 닫았다. 폐원 후에도 꼬박 1년에 걸쳐 부산침례병원에 의뢰했던 협력 진료 비용과 제약회사에서 받았던 의약품 대금을 갚아야 했다. 병원 문을 닫았는데도 어떻게 알고 출판사 사무실로 시도 때도 없이 전화가 왔다. 돈이 없어 아파도 병원에 가지 못하는 사람들의 전화였다. 그분들께 폐원했다는 사실을 설명할 때마다 가슴이 미어졌다.

갱생보호공단에서 쫓겨난 출소자들을 데리고 사는 동시에 재소자를 위한 잡지 「에바다」를 제작하는 데 매월 수백만 원이 필요했다. 수완이 있는 아내가 10여 년의 세월 동안 금은방과 세공업체를 연결하는 판매 외무원으로 일하며 그 모든 비용을 감당했다.

그러나 예고 없이 터지는 사건들의 합의금을 마련하고 공부하려는 이들에게 학비를 후원하며 가게를 열고 싶다는 이들에게는 창업비를 지원하느라 항상 적자였다. 결국 1990년에는 창간 8년 만에 「에바다」를 폐간하고 말았다.

참담한 상황이었지만 나는 굴하지 않았다. 혹자는 이를 두고 내가 신앙심과 사명감이 투철하다며 상찬하기도 한다. 하지만 돌이켜 보면, 그러한 좌절에도 불구하고 스스로를 성찰하지 못한 과오가 몹시 부끄럽다.

젊은 날의 신앙은 뜨거웠고 이상은 드높았다. 내가 나를 끊임없이 들볶았고, 다른 사람들도 그 높은 기준에 억지로라도 이르도록 닦달했다. '하면 된다'는 군사문화 정신이 잃은 양 한 마리조차 아끼는 복음의 정신을 압도했던 셈이다.

그 시절의 헌신에는 독기가 서려 있었다. 그 탓에 복음의 온기도 싸늘하게 식어 버리곤 했다.

"형님, 저 도끼가 오늘부터 큰형님으로 모시겠습니다. 까부는 놈들은 저한테 맡기십쇼."

출소자 중에는 조폭 출신이 제법 많았다. 이들은 시키지도 않았는데 충성 맹세를 하면서 은근히 지배 지분을 요구했다. '20세기

면도날' '작두' '백구두' 등으로 불리던 그들은 그 세계에서는 나름 유명했지만, 오랜 감옥살이로 이빨 빠진 호랑이 신세였다. 그럼에도 예전 습관대로 서열을 세우지 못해 안달이었다.

"형님이 서열을 안 정해 주니, 맨날 싸우는 거 아닙니까? 질서가 있어야죠. 서열 좀 정해 주십쇼."

"우리 다 같이 형제로 삽시다. 서로 사랑하면서 살아야지, 서열이 무슨 필요가 있습니까?"

"에이, 씨발. 저런 병신 같은 놈하고 나하고 어떻게 서열이 같을 수가 있어요? 형님도 싸움 못 하는 병신이라 겁나서 그러는 건 아니고요? 사랑 타령 집어치우고 저랑 한판 붙든가요."

"뭐가 어쩌고 어째요? 그래, 어디 한번 해봅시다!"

실제로 나는 주먹다짐을 했다. 내가 싸움을 못해서가 아니라 사랑의 방식을 따르기 때문에 부드럽게 대한다는 사실을 증명하고 싶었다. 분노가 실린 내 주먹 서너 방에 싸움은 의외로 싱겁게 끝났다.

하지만 사랑의 원칙을 관철하겠다며 주먹을 휘두른 시도가 잘 풀릴 리 만무했다. 거센 후폭풍이 몰려왔다. 그들은 날이면 날마다 '서열을 정해 달라'고 요구하며 싸움을 걸었다. 내가 끝까지 거부하니, 개중에는 욱해서 마음에 들지 않았던 사람을 흠씬 두들겨 패고는 "저런 꼴 보기 싫은 놈하고 같이 사느니 차라리 나간다"며 도망치듯 떠난 사람도 있다.

출소자 그룹홈에서는 사랑의 방식이 서열의 논리를 좀처럼 이기지 못했다. 그들은 내 앞에서는 서로를 위하는 척하다가도 뒤에서는 서열을 세우겠다며 패를 갈라 다투었다. 종종 격화된 싸움 때문에 병원이나 경찰서에 가서야 그들이 세력 싸움을 계속했다는 사실이 드러나곤 했다.

나는 복음의 정신이 사랑이기 때문에 일방적이라 해도 사랑만 강조하면 모든 문제가 해결될 것이라고 여겼다. 그것이 일방적 시혜로 사람을 옴짝달싹하지 못하게 몰아넣고 거역 못할 굴종을 강요하는 것인지도 모르고 말이다.

그때까지도 나는 옳음을 놓을 수 없었다. 그들의 그름에 굴복하지 않으려면 그것밖에는 답이 없다고 생각했다. 그러나 진리를 진리라고 우기는 순간, 진리는 사라진다.

나는 그들의 낮은 수준을 복음의 높은 수준으로 끌어올리려고 애썼다. 옳음과 그름의 대결에서 패배하지 않겠다며 안간힘을 쓸 따름이었다. 그들을 변화시키겠다면서 정작 나는 변하지 않은 상태로 10여 년을 그렇게 발버둥 치면서 나도 점차 지쳐 갔다. 우리는 같은 공간에서 생활하면서도 공동체로 살지는 못했던 것이다.

"그만두지 않을 거면 이혼해요"

범죄자들과 사는 게 무섭지 않느냐고 물어보는 사람들이 간혹 있다. 나는 그들이 무섭지 않았다. 타고나기를 워낙 힘이 센 까닭도 있지만 그보다는 아무리 흉악한 범죄자들도 살아가는 데 법도가 있음을 알기 때문이었다. 그들은 적어도 자신들에게 도움이 되는 밥줄만큼은 건드리지 않았다. 밥줄이 되어 주고, 돈줄이 되어 주는 나를 해코지하지 않았다.

나는 범죄자들도 무서워하지 않는 담력을 지녔지만, 1995년 어느 날, 아내의 돌연한 선언 앞에는 덜컥 겁이 났다.

"이렇게는 도저히 못 살겠어요. 이 일을 그만두지 않을 거면, 이혼해요."

선교회가 직면한 적자 상황을 타개하고자 부모님께 물려받은 집과 아내 소유의 아파트까지도 급히 팔아 버린 직후였다. 10여 년을 참고 견뎌 온 아내의 항변을 듣자마자 머리끝이 쭈뼛 서고 식은땀이 흘렀다.

돌아보니, 전처도 그와 비슷한 말을 한 적이 있었다.

"내가 아무리 목사 딸이어도 더는 이렇게 못 살겠어."

며칠 후 나는 나도 모르게 이혼을 당해 버렸다. 스무 살에 아버지의 반대를 무릅쓰고 강행한 결혼은 7년 만에 파탄이 났다.

아버지는 처음부터 그 결혼을 허락하지 않으셨다. 이제 갓 의대에 입학한 아들이 공부 대신 연애를 하는 것도 모자라 그 나이에 결혼까지 한다니 황당해하실 뿐 아니라 끝내 내가 고집을 부리자 노기를 감추지 못하셨다. 외항선 선장이셨던 아버지는 등록금 지원을 끊겠다는 선언을 해 버리고 바다로 나가 수년 동안 돌아오지 않으셨다. 그 바람에 나는 어쩔 수 없이 의대를 중퇴해야 했다. 그러나 사랑에 눈이 멀었던 청춘에게 다른 것은 보이지도 않았다. 사랑만이 전부였고, 그 사람만이 전부였다.

오랫동안 나 자신뿐 아니라 부모님이나 친척들까지 내가 의사가 될 줄로 믿었다. 어려서부터 나는 아픈 사람을 보면 안타까운 마음에 그냥 지나치지 못했다. 이는 집안에 흐르는 가풍이었을 것이다. 조부는 일찍이 '홍제당'(弘濟堂)이라는 한약방을 세우고 함흥에서 내로라하는 거부가 되셨다. 그러나 돈이 많다고 거들먹거리는 일 없이 언제나 '세상을 널리 구제한다'는 홍제 정신을 강조하며 빈민 구제와 독립운동 지원에 열심을 내셨다.

분단 후 이북 지역을 장악한 공산당은 조부의 재산을 몰수하고 조부를 처형했다. 남은 가족들은 겨우 목숨을 건져 부산에 정착했다. 조부는 역사의 소용돌이 속에 세상을 떠나셨으나 조부가 남긴 홍제 정신만은 문화적 유전자에 각인되어 이어진 게 아닌가 한다.

시간이 지나면 아버지의 화가 풀려 의대에 복학할 수 있으리라 예상했지만 상황은 갈수록 복잡하게 꼬여 끝내 풀리지 않았다. 의사를 대신할 다른 진로를 모색하는 것 자체가 당황스럽고 어색했다. 진로를 바꾸려고 여러 사업에 손을 댔지만 성과는 신통치 않았다. 게다가 조금이라도 돈이 생기면 주변의 아픈 사람들을 치료하거나 궁핍한 처지의 사람들을 돕는 데 쓰곤 했다.

전처는 처음에는 격려와 응원을 아끼지 않았다. 높은 이상을 품고 구제와 봉사에 열심이던 나를 마치 '성자'처럼 우러러보았다. 하지만 고단한 생활이 계속되자 나의 열정을 '광신'으로 폄하했다. 언제부터인가 "돈을 벌어 오지도 못하면서 쓰기만 한다"는 타박이 그치지 않았다.

전처는 '정상적인 삶'과 '정상적인 신앙'을 원한다고 말했다. 나는 적당히 타협하는 다른 이들이야말로 '비정상'임을 증명하고 싶었다. 복음의 길, 진리의 길을 올바로 걸어가는 사람에게는 하나님이 반드시 함께하시고 아낌없이 복 주시며 놀랍게 역사하심을 당당하게 보여 주고 싶었다.

이혼을 하자는 아내의 일갈은 내가 여전히 예전의 오기와 독기를 품고 일해 온 것은 아닌지 돌아보게 만들었다.

내가 내게 있는 모든 것으로 구제하고 또 내 몸을 불사르게 내줄지라도 사랑이 없으면 내게 아무 유익이 없느니라. (고린도전서 13:3)

혹여 내가 의사가 되지 못한 한을 풀고자 에바다 의원을 운영하려는 과욕을 냈던 것인가? 변변치 않은 목사들은 못하지만 나는 예수님의 가르침을 실천할 수 있다고 증명하기 위해 출소자 그룹홈을 시작한 것은 아닌가? 도대체 내 안에 무엇이 있나? 과연 사랑이 있는가?

"우리 같은 사람을 이용해서 훌륭한 사람처럼 보이려고 하는 거다 압니다!"

누군가 출소자 그룹홈을 떠나면서 남긴 말이 새삼 생각났다. 그때 겨우겨우 삼켰던 비수 같은 말이 마음 깊은 곳에서 날을 세우고 되살아났다.

위선자! 내가 그토록 혐오하고 경계한 위선자가 바로 나라면? 그것만은 참을 수 없었다. 괴로움을 이기지 못하고 스스로를 비난하며 난도질하는 사이 내 마음은 온통 피투성이가 되었다. 더는 버틸 힘이 없었다.

나는 아내에게 선교회 일을 그만두겠다고 말했다. 소중한 아내마저 잃고 싶지는 않았다.

가족의 생계부터 챙기겠다는 합의를 하고서야 아내를 붙잡을 수 있었다. 아내는 내가 너무 풀이 죽어 보였는지 나를 달랬다.

"태양, 난 당신을 존경해요. 당신이 하는 일이 예수님 말씀을 실천하려는 옳은 일이고 좋은 일이라고 생각하고요. 다만 우리 가족의 생계부터 챙기고 나서 사역을 했으면 해요."

'태양'이라니. 아내는 한동안, 훤칠하게 벗겨진 내 이마를 빗대 나를 태양이라고 불렀다. 그런데 하필 이 타이밍에 태양이라고 하다니. 태양도 그렇게 빛을 잃은 태양은 없었을 것이다. 복음의 높은 이상을 향해 비상하려던 나는 땅으로 곤두박질하고 말았다. 물론 그때는 떨어질 깊은 나락이 더 남아 있을 줄은 미처 몰랐다.

1995년에는 큰돈이 들어가는 모든 선교회 일을 내려놓았다. 그럼에도 그룹홈에서 함께 살던 출소자들을 그냥 내버려 둘 수는 없었다. 갱생보호공단에서도 쫓겨난 그들은 정말로 머리 둘 곳이 없었다. 아내도 양해해 주어 한 달만 더 이들의 먹거리와 잠자리를 챙겨 주기로 했다.

나는 생계를 위해 화물차 운전을 시작했다. 아내도 작은 금은방을 개업했다. 그렇게 번 돈으로 가족의 생활비를 충당했다. 2년 동안 일하면서 종자돈도 제법 모았다. 이를 밑천 삼아 1997년에는 아내와 단체 급식 사업을 시작했다. 밤낮 없이 일한 덕에 급식 사업은 번창했다. 입찰 경쟁에서 여러 번 사업권을 따냈으며, 때로는 입찰 과정 없이 수의계약을 맺기도 했다. 회사는 날로 성장해서 1년 만에 직원 50명을 거느린 소기업이 되었다.

성공 가도를 달리던 어느 날, 사달이 났다. 예고 없이 터지는 사건 사고는 내가 도와주던 이들에게만 일어나는 줄 알았건만 내게 닥치고 보니 전혀 그렇지 않았다.

이번에는 내가 화근이었다. 예전에 큰 도움을 줬던 친구의 누님이 사업이 어려워 조금만 도와 달라고 간곡히 부탁해 왔다. 나는 친구에게 졌던 신세를 갚고자 흔쾌히 당좌수표를 백지위임해서 담보용으로 빌려주었다. 그런데 그 누님의 사업이 부도가 났고 연쇄적으로 우리 회사도 부도 위기에 처한 것이다.

이를 수습하려고 3년 동안 악전고투했다. 처음에 제공한 담보수표는 겨우 회수했지만 이리저리 분산하여 대체 발행된 수표를 돌려 막다 보니 3년 사이에 갚을 돈이 원금의 두 배로 늘어났다. 결국 마지막 5천만 원짜리 수표를 회수하지 못하고 부도를 냈다. 졸지에 구제하던 입장에서 구제받아야 할 처지로 전락해 버렸다.

다행히 좋은 관계를 유지하던 거래처들에서 사정을 헤아려 대가 없이 수표를 회수해 주었다. 덕분에 사태를 겨우 수습했다. 하지만 그때 친척들에게 진 빚은 한 푼도 갚지 못했다.

사업을 접어야 할 상황이었지만, 50여 명의 직원들이 월급을 반납하고 오히려 자신들의 예금까지 내놓으며 다시 일어서야 한다고 독려했다. 그에 힘입어 회사는 재기했다. 그러나 그 과정에서 도와주겠다고 접근한 사람의 꼬임에 넘어가 또다시 발목이 잡혔다. 공교롭게도 그는 부도낸 누님의 남동생이었다.

"제 누님 때문에 일이 이 지경이 됐으니 제게도 형님을 도울 책임이 있지 않겠습니까? 제가 사심 없이 도와 드리겠습니다."

"그래 주면 고맙지만, 나는 월급을 줄 형편이 못 되는데…."

"월급 같은 건 받을 생각 없어요. 그냥 순수하게 도와 드리려는 겁니다. 우선은 사업을 안전하게 하려면, 공동 대표 체제가 낫습니다. 혼자 감당하면 힘들거든요. 제 아내 명의를 빌려 드릴 테니 공동 명의로 바꾸시죠."

"듣고 보니, 그거 좋은 생각인 것 같네."

그의 제안은 설득력이 있었다. 나는 사업체를 공동 명의로 바꿨다. 그런데 언제부턴가 그는 실제로 경영에 참여해야겠다며 사장 행세를 하려 들었다. 어느 날에는 모든 직원들을 불러 놓고 엉뚱한 지시를 내리기도 했다.

그제야 '아차' 싶었다. 다시 원래대로 사태를 바로잡을 수도 있었다. 그런데 그렇게 되면 직원들이 피해를 입을 상황이었다. 더 이상은 나와 아내를 신뢰하고 지지한 직원들에게 피해를 줄 수는 없었다. 우리 부부는 결단을 내려야 했다. 직원들을 비롯해 사업과 관계된 사람들에게 사업체를 분할해 나누어 주고 모든 걸 정리했다.

사업 재기를 기대하며 참고 있던 채권자들이 이 소식을 듣고서 우리 집을 경매에 넘겨 버렸다. 새로운 세기가 시작되는 해라고 모두가 들떠 있던 2000년, 우리 부부는 빈털터리가 되었다. 미래를 꿈꾸기는커녕 과거로 돌아갈 수 없는 바닥까지 떨어졌다.

머물 데가 없어진 우리 가족은 흩어져야 했다. 부모님은 여동생 집에서, 아이들은 친구 집에서, 우리 부부는 친구가 운영하는 섬유 공장 창고에서 지내기로 했다.

부모님을 기차역에서 배웅해 드릴 때 아버지가 남기신 말씀은 지금도 잊을 수가 없다.

"하나님은 항상 기뻐하라고 하셨는데, 지금은 도저히 기뻐할 수가 없구나."

회개

하필이면 매서운 칼바람이 치는 겨울이었다. 우리는 창고 구석에 세워 둔 장롱 사이에 침대를 놓고 전기장판 하나에 의지해 한겨울을 나야 했다. 밤에는 온 몸으로 한기가 스며들어 깊은 잠을 이루지 못했다. 아침에 일어나도 따뜻한 밥 한 끼 먹을 돈이 없었다.

어쩌다 이 지경이 되었을까. 일을 못해서 망한 게 아니었다. 돈을 벌지 못해서 망한 것도 아니었다. 열심히 했을 뿐 아니라 심지어 잘 되고 있었는데도 실패한 까닭을 이해할 수 없었다. 나도 모르게 한숨이 나왔다. 혹한의 추위 탓에 입김은 담배연기처럼 퍼지며 사라졌다.

> 내일 일을 너희가 알지 못하는도다. 너희 생명이 무엇이냐? 너희는 잠깐 보이다가 없어지는 안개니라. (야고보서 4:14)

'잠깐 보이다가 없어지는 안개'인 주제에 내 능력을 믿고 사업을 하려 했다. 선교회 사역을 중단하면서 겸손해졌고 내 의지도 꺾였다고 여겼다.

그러나 속으로는 내가 하나님을 필요로 하는 게 아니라 하나님이 나를 필요로 하신다고 생각해 왔다. 결국에는 사업이 잘 되어 큰돈을 벌어서 다시 선교회 사역도 크게 하게 되리라고 믿었다. 내가 좋은 일을 하니까 당연히 하나님 쪽에서 나를 도와주셔야만 했다. 교만도 그런 교만이 없었고, 착각도 그런 착각이 없었다. 밑바닥에 이르러서야 은밀하게 숨은 추한 속마음이 드러났다. 몹시 부끄러웠다. 회개가 절로 나왔다. 새벽마다 주님께 읍소했다.

추운 곳에서 지내다 보니 아내에게 안면마비가 왔다. 주변 사람들이 새벽 찬바람을 피해야 한다고 만류했지만 아내는 새벽 기도를 목숨처럼 고수했다.

"얼굴이 비뚤어지는 것보다 마음이 비뚤어지는 게 문제죠. 마음이 비뚤어지지 않게 기도해야겠어요."

아내를 말릴 수 없었다. 우리는 새벽마다 주님께 나아가 지난날을 뉘우치며 자신을 돌아보고 하나님의 마음을 헤아렸다. 그리고 그때까지 '믿음'이라고 여긴 '의지'를 내려놓아야 한다는 사실을 분명히 깨달았다.

이전에는 예수님의 가르침을 실천하는 것만 기독교 신앙의 정수로 간주했다. 실천에 초점을 맞추지 않고 신비와 기적만을 추구하는 태도를 극히 경계했다. 그러나 여전히 주님을 따르는 실천을 경홀히 여기지 않으면서도, 그러한 실천이 하나님과의 만남에서 자연스럽게 비롯되어야 한다는 점도 또렷하게 알게 되었다.

섬유 공장 창고에서 기도하는 중에 우리 부부는 하나님이 특별하게 보여 주시는 환상을 보았다. 지금의 오두막 공동체가 들어선 깊은 산골짜기였다. 언덕 잔디밭에 나무관이 묻히는데 자세히 보니 내가 관 속에 들어 있었다. 이 사역에 뼈를 묻고 평생 순종하라는 뜻으로 받아들여 "아멘" 하고 화답하니, "모든 것을 버리라" 하시는 주님의 음성이 들렸다.

아내는 기도하면서 '스룹바벨'과 '학개'라는 단어를 들었다. 아내는 '스룹바벨'이 성경 속 인물인지 모른 채 나에게 그 이야기를 들려주었다. 우리는 스룹바벨이 등장하는 학개서를 함께 공부했다.

포로 후기 공동체였던 유대 민족은 폐허가 된 고향에 돌아와 스룹바벨을 중심으로 성전을 짓기 시작했다. 하지만 어려운 상황이 닥치자 성전 건축을 포기한 채 우선 자신들의 집부터 세우고 농사를 지었다. 이에 하나님은 학개와 스가랴를 보내셔서 성전 재건을 독려하게 하셨다.

학개서는 우리가 처한 상황을 적확하게 해석해 주는 말씀이었다. 우리는 지금까지의 모든 여정이 오직 하나님이 주관하신 역사임을 인정했다.

너희가 많이 뿌릴지라도 수확이 적으며 먹을지라도 배부르지 못하며 마실지라도 흡족하지 못하며 입어도 따뜻하지 못하며 일꾼이 삯을 받아도 그것을 구멍 뚫어진 전대에 넣음이 되느니라. 만군의 여호와가 말하노니 너희는 자기의 행위를 살필지니라. 너희는 산에 올라가서 나무를 가져다가 성전을 건축하라. 그리하면 내가 그것으로 말미암아 기뻐하고 또 영광을 얻으리라. 여호와가 말하였느니라. 너희가 많은 것을 바랐으나 도리어 적었고 너희가 그것을 집으로 가져갔으나 내가 불어 버렸느니라. 나 만군의 여호와가 말하노라. 이것이 무슨 까닭이냐? 내 집은 황폐하였으되 너희는 각각 자기의 집을 짓기 위하여 빨랐음이라. 그러므로 너희로 말미암아 하늘은 이슬을 그쳤고 땅은 산물을 그쳤으며 내가 이 땅과 산과 곡물과 새 포도주와 기름과 땅의 모든 소산과 사람과 가축과 손으로 수고하는 모든 일에 한재를 들게 하였느니라. (학개 1:6-11)

우리는 이 말씀대로 깊이 회개했다.
'내 집을 먼저 세우겠다고 하나님의 공동체를 뒤로 미룬 것을 회개합니다. 내 의지와 노력으로 일을 도모하고 하나님을 마음씨 좋은 보조자로 전락시킨 것을 회개합니다. 내가 사역의 주인공이 되어 하나님의 영광을 가로챈 것을 회개합니다.'

더욱 인간적으로, 가장 인간적으로 다시

> 그런즉 누구든지 그리스도 안에 있으면 새로운 피조물이라. 이전 것은 지나갔으니 보라. 새 것이 되었도다. (고린도후서 5:17)

다시 시작할 수 있을까? 회개했다고 정말 달라질 수 있을까? 교도소에서 예수를 믿고 새 인생을 살겠다고 결심하고 나온 이들은 이러한 두려움을 마주한다. 그들은 이전의 삶의 방식으로 되돌아갈 위험을 고스란히 느끼면서 다시 세상으로 한 걸음을 뗀다.

이는 창고에서 생활한 지 1년이 지난 2001년에 사역을 다시 시작하기로 한 우리가 직면한 동일한 두려움이기도 했다. 이번에는 과연 하나님의 의지가 아니라 나의 의지대로, 하나님의 속도가 아니라 나의 속도대로 나아가려는 못된 습성을 없앨 수 있을까?

나는 비로소 알았다. 결코 그럴 수 없을 것이다. 결국 죄성을 이기지 못할 것이다. 나는 그저 인간이기 때문이다. 봉사와 구제를 행한다고 사람됨을 뛰어넘을 수 없으며, 기적을 행한다 해도 인간성 자체를 벗어던질 수 없다. 과거의 나를 포함해서 진지하게 그리스도를 따라서 살려는 사람들이 종종 잊어버리곤 하는 점이다. 선행이나 선의는 우리가 인간성을 초월하게 만들지 못한다.

인간이 인간에게 하나님같이 되려고 하면, 인간은 인간에게 늑대가 된다고 했다. 우리는 인간이며, 언제나 인간이어야 한다. 예수님도 인간이 되셨고, 인간으로서 십자가를 지셨다.

내가 인간다울 때 하나님을 하나님 되게 할 수 있다. 그리스도 안에 있다면, 그래서 언제나 인간임을 인정하고 죄인임을 인식한다면, 누구든 새로운 존재가 될 수 있다. 실수와 실패를 하지 않으려 하기보다는 실수와 실패를 하면서 기꺼이 배우리라. 나는 오히려 더욱 인간다워지고 가장 인간적이 되겠다고 결심했다.

아내와 머물던 창고를 베이스캠프 삼아 차근차근 걸음을 뗐다. 내복 두 겹에, 겉옷을 세 겹 겹쳐 입고 마스크를 쓰고 이불까지 뒤집어썼는데도 추워서 몸이 덜덜 떨리는 창고에서 가장 먼저 한 일은 선교 책자 「문 밖에 서서」 창간호에 들어갈 글을 쓴 것이다. 「에바다」를 폐간하며 마음속에 묻어야 했던 재소자 문서 사역을 그렇게 재개했다.

볼지어다, 내가 문 밖에 서서 두드리노니 누구든지 내 음성을 듣고 문을 열면 내가 그에게로 들어가 그와 더불어 먹고 그는 나와 더불어 먹으리라.
(요한계시록 3:20)

잡지 이름은 요한계시록 말씀에서 빌려 왔다. '문 밖에 서서'라는 이름은 우리가 주님을 문 밖에 세워 두었다는 회개의 표현이었고, 그럼에도 여전히 문 밖에 서서 우리를 부르시는 은혜에 대한 감사의 고백이었다.

토요일마다 갱생보호공단에도 다시 찾아갔다. 우리가 그룹홈 운영을 멈춘 사이 갈 곳이 없어진 이들이 그곳에서 지내고 있었다. 아내가 대학 매점에서 일을 하게 되었는데, 번 돈을 아껴 3만 원을 떼어 과일과 과자를 샀다. 이전처럼 매달 수백만 원씩 드는 봉사는 하지 못했지만 작게라도 나누었다.

나중에 들으니 부모님이 아내에게 "우리가 아이들을 돌볼 테니 네 남편 좀 말리라"고 하셨다고 한다. 하지만 아내는 창고에서의 연단을 통해 밑바닥에서부터 하나님의 은혜만 붙들고 나가기로 각오한 터였다. 부모님께 들은 이야기를 나에게는 아예 꺼내지도 않았다.

다시 사역을 시작한 후로 신기하게도 매달 다른 사람에게서 같은 연락이 왔다.

"후원금 조금 보냈습니다. 좋은 일 하시는 데 보태 쓰세요."

그 후원금은 전부 「문 밖에 서서」 제작비로 썼다.

또 감사하게도 임대아파트가 생겨 서울에 계시던 부모님을 모셨다. 꽁꽁 얼어붙었던 인간관계가 조금씩 회복되었다. 별다른 노력을 기울이지 않았는데도 그렇게 되었다.

그리고 그해 가을, 부산 금정산 자락에 20평의 작은 집과 그에 딸린 산 3만 평을 빌렸다. 땅은 어마어마하게 넓었지만 인적 없는 산골이라 땅값이 무척 저렴했다. 그곳에서 갱생보호공단 생활관 규칙을 어겨 쫓겨난 이들을 가족으로 받아들여 본격적으로 '공동체'를 시작했다.

산자락에 금정산성이 있어 우리는 그곳을 '산성집'이라 불렀다.

4장

유랑하는 공동체

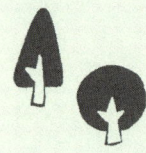

'너는 이 상황에서 어떻게 할 것이냐?'
신앙이란 자신이 직면한 상황을 예수님의 질문으로 여기고 사는 것이다.
이러한 물음 앞에서 하나님의 뜻을 구하고, 그분께서 알려 주신 뜻대로 실천한다면
하나님의 인도하심을 경험하게 된다.
그 상황은 예수님의 질문이 되어 내 마음을 두드렸다.
내 앞에는 두 갈래의 길이 있었다.
상황이 여의치 않으니 그만두거나 아니면 다른 방법을 찾거나.

공동체의 탄생

공동체는 내가 세우려고 해서 세워진 것이 아니었다. 애초에 머릿속에 공동체라는 개념 자체가 따로 없었으니 공동체로 살겠다는 구상도 하지 못했다. 내 생각은 순진할 정도로 단순했다. 재소자나 출소자들을 가끔 만나 돈 몇 푼 쥐어 주는 방식은 별 소용이 없으니 그들과 같이 모여서 살면 뭔가 좀 달라지지 않을까 싶었던 것이다.

하지만 여럿이 모여 산다고 해서 다 공동체가 되는 것은 아니다. 그런데도 그저 하나님의 이끄심을 따라가다 보니, 달리 말해 어쩌다 보니, 공동체가 생겨났다.

2001년 9월, 부산 금정산자락에 공동체가 탄생했을 때 나에게는 공동체를 이끌어 갈 원대한 목표나 참신한 계획 같은 게 전혀 없었다. 그리고 그것은 천만다행이었다.

마르틴 루터는 "설령 내가 하루 만에 모든 세상을 구원할 수 있을지라도, 만약 하나님의 뜻이 아니면 그 일을 행해서는 안 된다"고 말했다. 그래서 예수님이 체포되지 않게 막으려던 베드로는 '사탄'이라고까지 불리며 '하나님의 일'을 생각하지 못했다고 호된 꾸지람을 들었다.

> 예수께서 돌이키시며 베드로에게 이르시되 사탄아 내 뒤로 물러가라. 너는 나를 넘어지게 하는 자로다. 네가 하나님의 일을 생각하지 아니하고 도리어 사람의 일을 생각하는도다. (마태복음 16:23)

베드로 입장에서는 예수님의 목숨을 구하겠다는 좋은 취지에서 한 말이었다. 하지만 예수님의 관점에서 이는 '사람의 일'만 생각하고 '하나님의 일'을 생각하지 않은 것이었다.

진지하게 하나님 나라를 위해 일하려는 사람들도 베드로처럼 자기도 모르게, 매우 은밀하게 자신의 의도를 관철시키려는 실수를 곧잘 저지른다. 하나님의 뜻 안에 감춘 사람의 의도는, 심지어 그것이 선한 의도라 할지라도 끊임없이 돌아보며 내버려야 한다. 그렇지 않으면 하나님의 뜻 안에 몰래 숨어든 내 의도가 암세포처럼 증식하여 거룩한 성령의 사역 전체를 치명적 위험에 빠뜨린다.

그리스도 안에서 한 몸을 이루게 하시려는 하나님의 일은 공동체 설립자의 고상한 목표나 정교한 계획으로 성취되지 않는다. 목표가 허술하고 계획이 미흡하다 해도 공동체 안에 하나님이 계시기만 하면 그 공동체는 거룩한 그리스도의 몸을 이룬다.

그렇다면 하나님이 공동체 안에 계신지, 계시지 않은지 어떻게 알 수 있을까?

> 어느 때나 하나님을 본 사람이 없으되 만일 우리가 서로 사랑하면 하나님이 우리 안에 거하시고 그의 사랑이 우리 안에 온전히 이루어지느니라.
>
> (요한일서 4:12)

서로 사랑한다면, 사랑이신 하나님이 임하시고 거하신다. 그렇게 그리스도의 몸을 실감하면서 매일 주시는 말씀에 귀 기울이며 하나님과의 상호 관계 속에서 말씀대로 살아갈 때 진정한 복음의 공동체는 선물처럼 주어진다.

출소자들과 살면서 서로 사랑하려는 뜻 외에는 어떤 계획이나 대책도 없이, 어디에서 와서 어디로 가는지 알지 못한 채 공동체는 산성집에서 다시 태어났다.

우리는 공동체의 이름을 '이웃 사랑의 동산'이라는 뜻을 지닌 '애린원'(愛隣園)이라고 지었다.

사랑의 나눔, 빛나는 얼굴

산성집에서 지낸 지 얼마 지나지 않은 때였다. 경남 밀양에 있는 장애인 공동체인 아름다운 공동체에서 우리 부부가 출석하던 부산 광성교회에 와서 간증 집회를 했다. 그때의 만남을 계기로 두 공동체 간에 교제가 시작되었고, 지금도 우리 공동체와 아름다운 공동체는 서로 큰집, 작은집 하며 지낼 정도로 사이가 좋다.

교제가 깊어지면서 각 공동체가 직면한 어려운 사정들을 허심탄회하게 나누었는데, 한번은 아름다운 공동체에서 이런 하소연을 했다.

"우리 형제들은 목욕을 자주 하는 게 가장 큰 소원입니다."

그곳의 형제들에게서 다소 고약한 냄새가 나던 게 떠올랐다.

"자원봉사자들의 도움을 받으면 되지 않나요?"

"여성 봉사자가 많아서 남자들은 일 년에 설날과 추석, 딱 두 번만 목욕할 수 있어요."

그때 산성집 형제들의 얼굴이 떠올랐다.

"저희가 목욕을 좀 도와 드리면 어떨까요?"

그렇게 해서 공동체는 목욕 봉사를 시작했다. 목욕 봉사는 생각보다 그리 만만한 일이 아니었다. 장애인들을 한 명씩 업어서 차에 태우고 목욕탕까지 이동한 다음, 2층 남탕까지 업고 올라가서 목욕을 시킨 후 다시 내려와 차에 태워 공동체로 돌아와야 했다.

목욕탕으로 가는 차 안에서는 생선 썩은 것 같은 악취가 났다. 그럼에도 우리 공동체 형제들 중에는 얼굴을 찡그리는 사람이 하나도 없었다. 평소에 다소 딱딱하게 굳은 얼굴이었다면, 아름다운 공동체 식구들과 밀린 소식도 나누고 장난도 치다 보면 어느새 얼굴이 환해졌다. 장애인들 역시 거동이 불편한 탓에 늘 표정이 일그러져 있었는데 그날만큼은 아이처럼 표정이 밝았다.

과연 어떤 설교가 이들의 얼굴을 이토록 밝고 환하게 만들 수 있을까? 사랑의 실천이 주는 기쁨과 위로는 무엇으로도 대신할 수 없다. 사랑의 실천만이, 주는 사람이나 받는 사람 모두를 복음 안에서 살게 하는 능력이자 빛이 된다. 우리는 목욕 봉사라는 작은 섬김을 통해 하나님이 주시는 아름답고도 비밀스러운 관계로 초대받아, 주님의 기쁨이 곧 나의 기쁨이 되는 놀라움을 경험했다.

그러나 이러한 목욕 봉사를 탐탁지 않아 하는 사람들도 있었다. 바로 주변 지역 목욕탕이었다. 급기야 지역 목욕업협회에서는 장애인들이 단체로 오면 다른 손님이 꺼린다는 이유로 우리를 받아 주지 않겠다고 결의했다. 우리는 그것도 모르고 형제들을 업고 이 목욕탕, 저 목욕탕을 헤매기도 했다.

하지만 우리가 행한 사랑의 실천이 주변 이웃에게 파장을 일으키기 시작했다. 밀양 변두리에 있는 어느 작은 목욕탕 사장님이 용기를 내서 목욕업협회의 결의를 무시하고 우리를 받아 주었을 뿐 아니라 요금도 할인해 주었다. 또 목욕하고 나서 자주 찾아가던 삼랑진 돼지국밥집 사장님도 소문을 듣고 '무한리필'을 선언했다. "좋은 일 하시는 분들께 제가 드릴 수 있는 게 이것밖에 없네요"라고 하시면서 말이다.

법원도 감동시킨 사랑

목욕 봉사는 일상에서 벗어난 축제 같은 것이었다. 그러나 공동체는 축제만이 아니라 일상을 공유한다. 일상이란 먹고사는 일이다. 그것은 본질적으로 고달프고 지루하며, 감동과 즐거움보다는 실망과 짜증을 훨씬 더 자주 마주해야 한다. 여럿이 함께 먹고사는 일은 결코 호락호락하지 않다. 오죽하면 예수님은 주기도를 가르쳐 주시면서 용서를 구하기 전에 '일용할 양식'부터 구하라고 하셨을까.

게다가 출소자 대부분은 꼬일 대로 꼬인 인생사를 지닌 알코올중독자이기도 했다. 20명의 출소자이자 알코올중독자들이 20평의 좁은 공간에서 부대끼는 것은 몹시 위태로운 일이었다. 평소에는 유순한 성품을 보이며 목욕 봉사에도 솔선하던 형제들이었지만 어느 날에는 술을 마시고는 돌변해서 대형 사고를 치기도 했다. 그래서 산성집은 노상 '싸움집' 신세를 면치 못했다.

한번은 부산 남포동에서 술에 취해 업소 기물을 파손하고 출동한 경찰관까지 폭행한 사건이 터졌다. *형진이 저지른 일이었다. 형진은 술 문제로 이혼을 당했는데, 그 후에는 더욱 술에 빠져들어 중증 알코올중독자가 되었다. 술만 마시면 폭력을 휘두르는 바람에 교도소에 자주 드나들었고, 당시 이미 전과 17범이었다.

"경찰관이 입은 피해는 국가의 피해로 간주됩니다. 사사롭게 합의해 줄 수 없습니다."

담당 수사관은 강경한 태도를 굽히지 않았고 형진은 곧바로 구속됐다. 겉으로만 보면, 형진이 구제 불능의 알코올중독자이자 전과자로 보이는 게 당연했다.

그러나 겉보기와 달리 형진이 얼마나 간절하게 옛사람에서 벗어나고자 갈망하며 애써 왔는지 우리는 알았다. 당시 형진은 집중적으로 치료를 받으려고 알코올중독 클리닉에 입원해 있었다. 그는 무료로 치료받는 기회를 소중히 여기고 이번에 술을 끊지 못하면 죽겠다는 각오로 치료에 임했다.

그 덕분에 병세도 꽤 호전되어 병원에서도 그에게 외출 허락을 해 주었는데 그것이 화근이었다. 형진이 외출하여 가족을 방문했을 때 그의 바람과 달리 문전박대를 당한 것이다. 그는 분을 삭이지 못하고 다시 술을 마시고 사고를 저질렀다.

우리는 공탁을 걸고 모든 식구와 교회 교인들 그리고 아름다운 공동체에도 부탁해 탄원서를 써서 법원에 제출했다. 결심공판이 열린 날, 담당 판사가 나에게 증인으로 변론할 기회를 주었다.

"이렇게 많은 사람이 연명해서 탄원서를 제출했는데, 이 자리에서 변론할 말이 있습니까?"

나는 그동안 형진이 술에서 벗어나려고 얼마나 애썼는지 열심히 해명했다.

"…존경하는 판사님, 이 사람이 여태껏 노력한 모든 것이 물거품이 되어서는 안 되지 않겠습니까? 선처해 주신다면 연명한 모든 사람과 연대해서 이 형제를 책임지고 선도하겠습니다."

잠시 후 최종 판결이 났다.

"범행 전력으로 봐서는 석방해 주어서는 안 되지만, 사회적 유대 관계를 고려하여 다시 한 번의 기회를 준다. 마지막 기회라고 생각하고 이마에 인두를 지지듯 녹한 마음을 먹고 새 사람으로 거듭나라."

법원은 형진에게 벌금 5백만 원을 선고했다. 폭력 전과범에게 벌금형은 이례적 판결이어서 「부산일보」에도 보도되었다. '갱생도우미 부부의 호소에 법원 감동'이라는 제목의 기사가 실렸는데, 우리야말로 법원의 선처에 깊이 감동받았다.

나중에 알고 보니, 담당 판사는 바로 '소년범들의 아버지'로 불리는 천종호 판사였다. 지금도 그분은 죄를 저지른 청소년들을 단순히 처벌하는 데만 그치지 않고 그들의 아픔이 결국 어른들에게서 왔다는 책임감으로 아이들을 이해하고 회복시키는 데 힘쓰고 계신다. 그런 의로운 판사를 만난 것이 공동체를 격려하시는 하나님의 오묘한 섭리로 느껴졌다.

늘어난 식구들, 비좁아진 산성집

부산 산성집은 지붕에 검은 기와가 색이 바랜 채 얹혀 있고 처마 밑에는 슬레이트를 덧댄 허름한 시골집이었다. 한 사람이 겨우 지나갈 크기의 마루에 신발을 벗고 올라서면 창호지 문이 달린 방 2개가 나란히 있었다. 집 주변을 두른 돌담은 허리 높이여서 집밖에서도 마당이 훤히 보였다. 담을 쌓지 않은 3미터 정도의 빈 공간이 문에 해당하는 출입구였다.

마당에 들어서면 너른 마당 한가운데 자리 잡은 감나무가 제일 먼저 눈에 띄었다. 감나무 가지와 장대를 연결한 빨랫줄에는 남자들의 흰 속옷과 검은 양말을 빨아 빼곡히 걸었다. 그 왼편 수돗가 주위에는 대야 서너 개에 아직 빨지 못한 빨랫감을 넣어 물에 불려 두었다. 마당 오른편에는 길가에 굴러다니던 큰 돌을 쌓아 화로를 만들었다. 돌화로 위에 무쇠솥을 얹어 밥을 짓고, 스테인리스 양동이를 올려 국을 끓였다. 구석에는 불을 피우는 데 사용하는 장작을 패어 가지런히 쌓아 놓았다.

밥 짓는 구수한 냄새가 퍼져 갈 때쯤이면 덩치 큰 남자 두어 명이 골목에서 돌담 건너로 마당을 내려다보며 기웃거리는 날도 흔했다. 그러면 우리는 쭈뼛거리는 그들에게 말을 걸었다.

"밥은 먹었어요?"

흔쾌히 응답하는 사람도 있고, 쑥스러워 대꾸하지 못하는 사람도 있었지만, 밥상에 앉지 않는 경우는 없었다. 일단 밥을 같이 먹고 나면 그날부터 같이 지냈다.

그들은 배가 고픈 만큼이나 관심이 고프고 사랑이 고픈 이들이었다. 열악한 환경에서 생활하는 것이 녹록치 않았는데도 사람들은 지끄민 찾아왔다. 급기야 잠자리가 부족해서 부엌과 화장실 앞에서 이불만 덮고 자야 하는 상황이 되었다.

사람들이 많아진 것은 반가웠지만 그렇지 않아도 그리 크지 않은 산성집이 점점 비좁아지는 게 걱정이었다. 더 넓은 공간을 구할 돈이 없었다.

'너는 이 상황에서 어떻게 할 것이냐?'

신앙이란 자신이 직면한 상황을 예수님의 질문으로 여기고 사는 것이다. 이러한 물음 앞에서 하나님의 뜻을 구하고, 그분께서 알려 주신 뜻대로 실천한다면 하나님의 인도하심을 경험하게 된다. 그 상황은 예수님의 질문이 되어 내 마음을 두드렸다. 내 앞에는 두 갈래의 길이 있었다. 상황이 여의치 않으니 그만두거나 아니면 다른 방법을 찾거나.

그만두는 것도 하나님의 뜻일 가능성이 있었다. 그러나 이번에는 하나님이 그분의 뜻을 계속 이어 가기 원하신다는 생각이 들었다. 나는 '어떤 식'으로 그 뜻을 이어 갈지 고민하기 시작했다.

머리 둘 곳을 찾아

때마침 울산에서 목회하는 황정렬 목사에게 연락이 왔다. 울산에 비어 있는 농가와 거기에 딸린 농장 7백 평을 무상으로 임대받게 주선해 줄 테니, 울산으로 이주하면 어떻겠느냐는 제안이었다.

부산에서만 살았던 터라, 처음에는 꺼려지고 망설여졌다. 하지만 시간이 지날수록 막힌 벽과 같은 상황에서 주님이 열어 주시는 문이라면 기꺼이 가야 한다는 생각이 들었다. 그래서 2002년 8월, 공동체의 거주지를 울산시 울주군 두동면으로 옮기기로 결정했다.

공동체가 이사하는 날, 동네 주민들과 황 목사가 시무하는 교회 교인들이 찾아와 반갑게 맞이해 주었다. 원주민들이 도시로 떠나 휑한 시골구석에 건장한 청년들이 들어와 농사지으며 살겠다고 하니 기특하다고도 했다. 이웃들은 만날 때마다 반갑게 웃으며 친절히 대해 주었다.

우리 공동체는 농사일을 배워서 밭을 일구고 비닐하우스를 가꾸기 시작했다. 농사를 지어 자급자족하는 꿈을 향해 힘차게 전진하는 듯했다.

그런데 오래 지나지 않아 동네 사람들의 시선이 사뭇 달라진 것을 느꼈다. 인사를 건네도 굳은 얼굴로 시큰둥하게 받거나 멀리서 우리가 나타나면 아예 마주치지 않으려고 피하곤 했다.

나중에야 우리 식구들이 여름이라 덥다고 웃옷을 벗고 다녀 주민들의 신경을 거슬렸다는 사실을 알았다. 온몸에 새겨진 호랑이, 용, 곰, 뱀 등 가종 동물 문신이 그대로 드러난 탓에 좋지 않은 소문이 이미 퍼진 후였다.

공동체의 몇몇은 억울해했다.

"우리가 무슨 잘못을 한 것도 아닌데 왜들 그러는 거래요?"

"억울해도 어쩌겠어요. 나쁜 소문은 모른 척하고 서로 조심하면서 조용히 지냅시다."

갸륵한 젊은이들로 환영받던 우리 형제들은 졸지에 꺼림칙한 범죄자 집단 취급을 받게 되었다. 사소한 빌미라도 잡히지 않도록 극도로 조심해야 했다.

그런데 화근이 될 만한 사건이 터졌다. 형제 하나가 고주망태가 되어 교회 기도실에 들어가 칼자루를 옆에 두고 잠든 것이다. 교인들이 그 모습을 목격하고는 기겁을 했다. 그러고 나서 황 목사에게 우리를 내보내라는 압력을 넣기 시작했다.

우리가 저지른 실수 때문에 황 목사가 곤란을 겪게 할 수는 없었다. 거처를 옮긴 지 2년 만에 울산을 떠날 채비를 했다. 황 목사는 우리와 교인들 사이에서 불편했을 텐데도 전혀 내색하지 않고 우리가 지낼 곳을 알아보는 수고를 감당해 주었다.

황 목사 덕에 경주 내남면의 산 5천 평이 매물로 저렴하게 나왔다는 소식을 접했다. 곧바로 계약서를 썼다. 그런데 잔금을 치르기 일주일 전에 동네 주민들이 우리가 온다는 소식을 어떻게 알았는지 마을 입구에 철책을 설치하고 들어가지 못하게 막았다. 범죄자들을 절대로 마을에 들일 수 없다고 했다.

나는 어떻게 해서든 그분들을 설득해 보려고 애썼다. 형제들이 마을에 피해를 끼치지 않도록 조심할 것을 약속하고, 마을 발전기금을 내고 동네잔치도 열겠다고 제안했다. 하지만 어떤 조건도 전혀 받아들여지지 않았다. 마을에서 쫓겨나는 정도가 아니라 아예 마을로 들어가지도 못하는 상황이 무척 속상했지만 다른 길이 없었다. 우리는 다시 비좁은 산성집으로 돌아가기로 했다. 하지만 그조차도 순탄치 않았다.

원래 살던 산성집 바로 옆집에도 세 들어 사는 사람이 있었다. 그런데 그가 빚을 갚지 못하자 빚쟁이가 그를 쫓아내고 무단으로 들어와 그곳에서 장사를 했다. 우리가 다시 산성집에 들어가려고 할 무렵, 집주인은 빚쟁이를 쫓아내기 위해 구청에 '강제 집행'을 신청한 상태였다.

집에 얽힌 복잡한 사정을 알고는 있었지만 누군가를 쫓아내는 모습을 그저 지켜보기만 하는 게 영 내키지 않았다. 교회 장로이기도 한 집주인을 만나 슬며시 운을 뗐다.

"장로님, 제가 믿는 사람으로서 누군가가 쫓겨나는 걸 보니 마음이 편하지가 않습니다."

"개의치 말아요. 내가 깨끗하게 처리해 줄 테니, 나중에 이사나 오세요."

"장로님, 그래도 법대로만 할 일은 아니지 않겠습니까. 저한테 시간을 좀 주시면 제가 그 사람을 한번 만나 보겠습니다."

"뭣하러 골치 아픈 일에 휘말리려고 해요? 그냥 집행 끝나길 기다렸다가 이사 오면 될 것을."

나는 부득불 집주인을 설득했다. 집주인과 빚쟁이 사이에 쌓인 앙금만 풀면 의외로 문제가 쉽게 풀릴 것 같았기 때문이다.

나는 우리가 산성집에 다시 들어와 지내는 동안 빚쟁이를 만나 부드러운 말로 중재해 보려고 애썼다. 하지만 빚쟁이는 여간 뻔뻔한 사람이 아니었다. "내일 방을 비우겠다" "집을 알아보는 중이다"라고 말을 돌리며 무려 3년 넘게 버텼다.

상황이 틀어지자 집주인은 단단히 화가 났다.

"문제를 해결하겠다고 나서더니 이게 뭡니까? 남의 재산 가지고 착한 척하고 선심이나 쓰면서 3년을 질질 끌고! 결국 나만 바보가 된 꼴이 아니오? 나도 이제 더는 가만히 못 있겠소."

집주인은 우리도 집을 비우라고 했다. 괜히 나서서 해결도 못한 채 시간만 지연시킨 터라 달리 변명할 구실도 없었다. 게다가 구청 환경과에서는 우리가 증축해서 지내던 11평짜리 건물을 자진 철거하라는 독촉장을 보냈다.

"정말 죄송합니다, 장로님. 바로 집을 비우겠습니다."

벼랑 끝에서

집을 비우겠다고 말은 했지만 막상 갈 곳이 없었다. 전국 어디에서도 우리를 환영할 곳은 없을 것 같았다.

일단 형제들과 불법 증축 건물을 철거하고 깨끗하게 정리했다. 당시 우리 부부를 제외하고 함께 지내던 형제들이 모두 21명이었다. 그중 일상생활이 가능한 3명을 제외한 나머지 식구 18명은 중증 이상의 알코올중독자였다. 고교 선배인 변원탄 원장의 배려로 양산병원에 18명을 입원시켰다.

입원 수속을 마치고 병원 문을 나서는데 나도 모르게 눈물이 흘렀다. 왜 예수님은 나를 좁고 험한 고생길로만 인도하시는가? 왜 이토록 자주 극한의 상황에 몰아넣고 '이 상황에서 어떻게 할 것이냐?'고 심문하시는가? 마치 벼랑길을 걷는 듯했다.

> 믿음으로 아브라함은 부르심을 받았을 때에 순종하여 장래의 유업으로 받을 땅에 나아갈 새, 갈 바를 알지 못하고 나아갔으며. (히브리서 11:8)

믿음의 선조들도 어디로 가는지 모른 채 이 땅에서 떠돌아다녔다. 그들도 불청객이었고 떠돌이였다. 갈 바를 알지 못하는 길 위에서 이 말씀에 큰 위로를 받곤 했다. 그래서 절체절명의 위기에 몰릴 때마다 어떻게든 사람들과 함께 살 방법을 찾았고, 이를 '믿음의 순례'라 부르며 위안을 삼았다.

이 사람들은 다 믿음을 따라 죽었으며 약속을 받지 못하였으되, 그것들을 멀리서 보고 환영하며 또 땅에서는 외국인과 나그네임을 증언하였으니.

(히브리서 11:13)

그러나 히브리서 말씀이 더 이상 위로가 되지 않았다. 이제는 벼랑길 저 아래가 내려다보였다. 한 걸음만 헛디뎌도 끝장인 절벽이었다. 우리는 그저 한 번의 허망한 실수로, 단 한 번의 섣부른 개입으로 공동체의 터전을 송두리째 잃어버렸다.

우리도 그들처럼 이리저리 헤매며 '약속을 받지 못한 채' 멀리서 바라만 보다 객지에서 횡사하고 말 것인가. 나는 솟아오르는 원망을 쉬이 누그러뜨리지 못했다.

전과자 출신이라고 해서 왜 이렇게까지 멸시받고 배척받아야 하는가? 교도소를 나와서 새로운 인생을 시작하려는 이들이 마음 놓고 살 만한 곳이 왜 이리도 없는가? 어서 다시 죄를 짓고 감옥에 도로 들어가라는 말인가? 오히려 이들이 같은 죄를 반복해서 짓지 않게 하려면 더 따뜻하고 안전한 보금자리를 제공해 주어야 하지 않는가?

모든 게 지긋지긋했다. 그럼에도 하소연할 대상은 하나님밖에 없었다. 나는 분을 삭이지 못하고 울부짖었다.

'하나님, 다들 그러는 것처럼 하나님도 우릴 외면하시는 겁니까? 도대체 우릴 사랑하기는 하시는 겁니까? 제발 갈 곳을 보여 주세요. 우리 형제들이 머물 피난처를 주세요.'

피난처 있으니

우리에겐 피난처가 필요했다. 무너진 삶들을 일으켜 세울 보드랍고도 단단한 땅을 원했다.

> 그들이 이제는 더 나은 본향을 사모하니 곧 하늘에 있는 것이라. 이러므로 하나님이 그들의 하나님이라 일컬음 받으심을 부끄러워하지 아니하시고 그들을 위하여 한 성을 예비하셨느니라. (히브리서 11:16)

기도하는 도중에 어떤 확신이 생기기 시작했다. 하나님은 우리의 하나님이라 불리기를 부끄러워하지 않으실 것이다. 우리를 위해 한 성을 반드시 예비해 주실 것이다. 기도를 마칠 즈음, 창고 시절에 하나님이 보여 주신 산의 이미지가 다시 떠올랐다. 그렇다, 산골짜기!

그러고 보니 변두리에 있는 깊은 산이라면 우리의 피난처가 될 만했다. 아직 개간되지 않은 산은 지대가 저렴해서 부담이 적을 뿐 아니라 사람들의 왕래도 그리 많지 않으니 식구들이 기존 주민들에게 배척당할 일도 없을 터였다. 집으로 돌아가 아내에게 다짜고짜 산을 사자고 말했다.

"여보, 산을 사야겠어요."

"산이요?"

"산에다 집을 지읍시다."

"우린 돈이 없잖아요."

"그나마 없는 돈으로 살 수 있는 게 산이에요. 내가 알아보니 합천, 의령 주변에 평당 만 원 미만의 임야들이 제법 있어요."

아내는 어리둥절해하면서도 내가 건넨 생활정보신문에 나온 공고를 조심스레 살펴보았다. 괜찮아 보여 예닐곱 군데에 전화해 보았지만, 조건이 잘 맞지 않았다. 땅이 마음에 들면 가격이 터무니없이 비쌌고, 가격이 적당하면 땅 크기가 너무 작았다.

그렇게 며칠을 찾다가 합천에서 적당한 산을 발견했다. 이번에는 직접 가 보기로 했다. 부산에서 합천 쌍백으로 가는 동안 아내와 나는 아무 말도 나누지 않았다. 나는 속으로 기도했다.

'하나님이 계획하신 곳이면 반값에 사게 해 주십시오.'

엉터리 같은 기도였지만 그런 식의 어떤 징표가 주어진다면 하나님의 뜻이라고 확신할 수 있을 것 같았다.

도착해서 둘러보니 산이 무척 깊고 험했다. 다행히 진입로가 잘 닦여 있어서 마음에 들었다. 진입로 덕분에 집 짓는 작업이 한결 수월할 것 같았기 때문이다. 나는 부동산 중개인에게 말했다.

"좋은 땅이네요. 반값에 주시면 사겠습니다."

중개인은 어이없다는 표정으로 우리를 쳐다보았다. 나는 물러서지 않고 말했다.

"혹시 모르니 땅 주인에게 연락해서 말씀이라도 전해 주세요."

그는 땅 주인과 전화를 하고서는 다시 한 번 어이없다는 표정을 지어 보였다. 하지만 그의 입꼬리가 살짝 올라갔다.

"주인이 반값에 팔겠답니다."

나는 산에 천막을 치고 바로 산을 개간할 생각으로 그 자리에서 당장 계약을 하고 싶었다. 하지만 내내 조심스레 지켜보던 아내가 선뜻 동의하지 않았다.

"3월이라 아직 추워요. 이 날씨에 산속에서 지낼 수는 없어요. 아랫마을에 당장 오늘이라도 지낼 집이 있으면 그때 계약해요."

알고 보니, 아내는 아내대로 하나님께 징표를 구하고 있었던 것이다.

산에서 2킬로미터 정도 내려와 마을로 향했다. 마침 할머니 두 분이 평상에 앉아 계셨다. 사정을 이야기하며 방 한 칸 얻을 수 있을지 여쭈었더니 할머니 한 분이 바로 앞집을 가리키셨다.

"여기 이 집이 비어 있어요."

아내의 얼굴에 미소가 번졌다. 빈집 주인과 곧바로 연락을 해서 임시로 기거할 집도 수월하게 구했다. 심지어 집주인은 임대료를 받지 않겠다고 했다. 우리는 순식간에 각자가 구한 징표를 받았다. 곧바로 1만 3천 평의 산과 임시로 거주할 집을 계약했다.

우리는 하나님이 예비해 두신 피난처를 그렇게 찾았다.

5장
오두막에 깃들다

오두막에서는 누구라도 저마다 제자리를 찾는다.
한 조각이라도 없으면 완성되지 못하는 퍼즐처럼 모두가 소중한 공동체의 일부다.
깨진 유리 조각 같아 보일지라도
위대한 예술가의 손을 거치면 걸작 모자이크가 된다.
하나님의 손으로 만드시는 작품은 결코 실패작이 될 수 없다.
이는 오직 그리스도의 몸인 공동체 안에서라야 생생하게 발견할 수 있는 진실이다.

2006년은 오두막 공동체가 경남 합천으로 이주하고 새로운 옷을 입기 시작한 아주 뜻깊은 해다. 하지만 인생이 어떻게 하루아침에 달라질 수 있겠는가. 이곳에서도 상처 입은 인생들이 뱉어 내는 가시 돋친 말들과 예고 없이 터지는 사건들을 수시로 감당해야 했다. 누군가는 끝내 오해와 힐난을 걷어 내지 못한 채 공동체를 떠났고, 누군가는 눈부시게 놀라운 변화를 이루어 내다가 급작스럽게 세상을 떠났다. 여기도 형언할 수 없는 인생의 아픔과 슬픔이 면제되는 장소는 아니었다.

하지만 분명한 사실은 우리는 새로운 곳에 정착한 후 새로운 이름으로 새로운 형태의 삶을 살기 시작했다는 점이다. 우리는 이곳에 살면서 진정으로 거듭나는 경험을 했고, 지금도 그 과정에 있다.

죄만 짓던 손으로

2006년 3월, 우리 부부와 형제 3명이 합천으로 이주했다. 그해 5월에는 부모님도 마을에 집을 얻어 이사를 오셔서 모두 7명이 공동체로 살기 시작했다.

임시로 살기 위해 들어간 빈집은 사람이 오랫동안 살지 않아 폐가와 다름없었다. 하지만 부엌과 아래채를 포함해 방이 5개나 있어서 마음에 들었다. 또 헛간을 수리하면 예배당으로 사용할 수 있을 듯했다.

집은 직접 수리하기로 마음먹었다. 물론 전문가를 불러 수리할 돈이 없는 것이 가장 중요한 이유였다. 하지만 집을 수리하는 동안 식구들이 자존감을 회복하리라는 기대감도 있었다. 무엇보다 이번에 얻은 노하우로 나중에 직접 산을 개간해 집을 지을 수도 있을 터였다.

본격적으로 공사를 시작한 날 아침, 몹시 분주한 와중이었다. 갑자기 *진형이 시내에 나갈 일이 있다며 집을 나섰다. 속으로는 '한 명이라도 더 거들면 좋을 텐데' 하고 생각했지만 '조심히 다녀오라'고만 인사하고 보냈다.

점심시간이 가까워졌을 때, 커다란 트럭 한 대가 문 앞에까지 들어와 멈춰 섰다. 트럭에는 시멘트 10포와 모래 5톤, 시멘트 블록 5백 장 등이 가득 실려 있었다. 보조석에 앉아 있던 진형이 차 문을 열고 내리더니, 수줍게 이야기했다.

"이거, 남의 돈 뺏은 거 아니고요. 막노동해서 모아 둔 돈으로 산 거예요. 제가 돈 가지고 있어 봤자 술이나 사 먹을 것 같아서 자재 좀 사 왔어요."

산에 버려진 나무를 주워 대충 얼기설기 집을 지어야 한다는 형편을 누구보다도 잘 헤아려 준 진형 덕분에 우리는 그럴싸한 벽체를 쌓아 올릴 수 있었다.

공동체에 큰일이 있을 때마다 도움의 손길을 내밀어 주시던 분들이 공사 소식을 듣고서 여러 필요한 자재들을 보내 주셨다. 고향 교회 이 집사가 건축 헌금을, 페인트 대리점을 하는 부부가 페인트 일체를, 인테리어 사업을 하는 최 집사는 벽지와 장판을 지원해 주셨다.

우리는 꼬박 두 달동안 7평짜리 예배당과 3평짜리 온돌방 2칸을 수리했다. 누군가는 궁궐을 짓는 것도 아닌데 두 달씩이나 걸렸느냐며 피식 웃을지도 모르겠다. 하지만 오롯이 우리만의 힘으로 공사를 마쳤다는 사실에 가슴이 벅찼다.

살인죄로 15년을 복역하고 출소한 *태영은 눈물을 글썽이면서 말했다.

"죄만 짓던 손으로 예배당을 지었어요."

'오두막'

2006년 8월 9일, 이웃 공동체 식구들을 초대해서 입당 예배를 드릴 준비를 했다. 예배에 앞서 새롭게 시작하는 우리 공동체에 걸맞은 새로운 이름을 짓고 싶었다. 고민하다가 '오두막'이라는 이름이 그럴듯하게 느껴져 식구들에게 의견을 물었다.

"오두막이요? 그 이름부터가 너무 작습니다. 그렇게 축소지향적 이름을 가지고 어떻게 발전을 해요?"

당황스럽게도 다른 식구들은 오두막이라는 이름을 그리 마음에 들어 하지 않았다. 그래도 나는 오두막이 우리에게 너무 잘 어울리는 이름인 것 같아 다시 한 번 말을 꺼냈다.

"작음을 지향하는 게 어때서요? 인생의 묘미는 소소한 데 있잖아요. 게다가 오두막을 뜻하는 영어 단어 'shelter'에는 피난처(refuge)라는 의미도 있어요. 그래서 오두막은 주님께 피할 사람들은 누구나 올 수 있는 곳이란 의미가 되지요."

그제야 식구들이 동의해 주었다. 그날부터 우리는 '오두막 공동체'라는 새 옷을 입었다. 태영은 나무판에 손수 '오두막 교회'라는 글씨를 새긴 명판을 만들어 입구에 걸었다.

"크게 되긴 글러 먹은 이름이구먼."

오두막이라는 이름에 끝까지 자조 섞인 반대를 한 사람도 있었다. 결국 그는 얼마 지나지 않아 공동체를 떠났다. 작아짐을 지향하자고 말은 했지만 안 그래도 작은 공동체에서 한 사람이 빠지자 너무 허전했다.

양산병원에 입원해 있던 18명의 식구들도 오두막에 합류할 것을 고려했다. 그런데 우리가 머무는 곳을 처음 와 본 이들은 망연한 듯 보였다. 아직 개간되지 않은 산골짜기를 한동안 바라보다가 이렇게들 말했다.

"저는…이런 시골에서는 살기가 어려울 것 같아요."

편의시설을 갖춘 병원에 남고 싶다고 한 형제들은 계속해서 입원해 있도록 조치했다. 물론 아쉬움이 전혀 없지는 않았다. 하지만 억지로 붙들 수는 없는 노릇이었다. 다만 그들이 퇴원해서 사회로 복귀하려고 할 때, 시골이 아닌 도시에서도 머물게 할 공간이 필요하다고 느꼈다.

차가운 사회와 따뜻한 사랑

"'출소자를 위한 자선 음악회'를 열고 싶네. 일반인들의 인식을 바꿀 계기도 되고, 모금이 잘 되면 사역에도 도움이 될 듯하네. 자네 생각은 어떤가?"

합천에 터를 잡고 얼마 지나지 않았을 즈음 그때까지 18명의 식구들을 거두어 주었던 양산병원 변원탄 원장이 제안했다. 변 원장은 출소자도 사회에서 조화를 이루며 살아가야 한다고 믿고 늘 나를 격려하며 지원을 아끼지 않았던 분이다.

그때 나는 하나님이 이 사역을 포기하실 생각이 없다는 확신이 들었다. 변원탄 선배를 통해 하나님의 마음을 보여 주시는 것처럼 느껴져 감사했다.

2006년 9월, 부산 글로빌문화예술원에서 열린 자선음악회는 아주 성공적이었다. 합창단의 수준뿐 아니라 공연장 시설도 탁월해서 청중들은 흡족해했다. 음악회에서 총 3백만 원이 모금되었다.

그 돈을 어찌할까 궁리하다 합천 시골까지 들어와 살고 싶어 하지 않는 식구들이 생각났다. 그들을 위해 부산 시내에 '자립 생활관'을 만들기로 결정했다. 부산 화명동 시장에 있는 상가 건물 70평을 임대해 리모델링 공사를 했다. 도시 한복판에 출소자들의 보금자리를 마련하게 되어 기뻤다.

그런데 리모델링 공사가 끝나자마자 건물주가 찾아왔다.

"감방 다녀온 사람들이 시장에 들락거리겠다는 거요? 그걸 좋아할 사람이 누가 있어요? 계약 취소예요."

"아니, 이제 와서 이런 법이 어디 있습니까? 여기 들어오려고 리모델링 공사까지 하지 않았습니까?"

"지금 그런 사소한 거 따질 형편이 아니에요. 우리 건물 이미지 훼손된 건 어떻게 책임질 거예요? 이 계약을 취소하지 않으면 시장 상인들 모두 들고일어날 분위기라고요. 도대체 상황 파악이 안 되는 겁니까?"

건물주는 우리가 들인 리모델링 공사 비용을 보전해 주기는커녕 도리어 우리에게 위약금을 물어야 한다고 우겼다. 어처구니없었다. 잘못한 게 없으니 위약금을 물어 줄 수 없다고 했더니, 건물주는 보증금을 돌려줄 수 없다고 맞받았다.

우리는 한 푼도 돌려받지 못한 채 물러나야 했다. 도시에 피난처를 마련하려던 계획은 그렇게 산산조각 났다. 하나님의 뜻대로 시작된 일인 줄 알았는데 허망하게 끝나는 듯했다.

그런데 전혀 예상치 못한 결과가 이어졌다. 부산 산성집 주인인 장재호 장로가 우리가 부산에 거처를 구하다 쫓겨난 소식을 듣고 연락해 온 것이다.

"우연히 '오두막 소식지'를 읽었습니다. 처음에는 안타깝다고만 생각했지만, 다음 날 새벽 기도를 하는데 하나님이 감동을 주셨어요. 그래서 산성집과 그 일대 땅을 무상 임대해 주고 싶습니다. 이건 내가 직접 쓴 계약서예요."

장재호 장로는 5년 후에 부산 서대신동 땅 5백 평도 공동체에 기증하셨다.

그렇게 하나님은 사람들을 감동시키셔서 우리를 돕게 하셨다. 사람의 머리로는 이해할 수 없는 놀라운 섭리로 공동체는 차가운 세상 속에서 점차 제자리를 찾아 갔다.

다양성이라는 새로운 옷

2006년 이전에 우리 공동체 구성원은 출소자와 알코올중독자 일색이었다. 하지만 2006년을 기점으로 공동체는 '다양성'이라는 새로운 옷을 입었다. 이는 하나님이 마련해 주신 특별한 만남을 통해 직조되기 시작했다.

2006년 어느 가을날, 밀양의 아름다운 공동체 박신원 대표가 만남을 주선했다.

"바시스게마인데(Basisgemeinde) 공동체 리더들이 한국을 방문한대요. 제가 소개해 드릴 테니 한번 만나 보세요."

독일 북부의 한 시골 마을에 자리 잡은 바시스게마인데 공동체는 1973년 루터교 목사인 게르하르트 베버가 그를 따르던 교인들과 공동 생활을 하면서 시작되었다. 아름다운 공동체에서는 여러

해 동안 바시스게마인데 공동체와 교류해 왔는데, 우리와도 연결해 주고 싶어 했다.

40년이 넘는 역사를 지닌 공동체의 리더와 만나면 배울 점이 많을 것 같아 선뜻 응했다. 기대한 대로 바시스게마인데 공동체의 리더인 마틴, 마가렛 부부와 대화를 하면서 우리는 공동체가 나아갈 방향에 대해 놀라운 통찰을 얻었다.

"출소자들을 돕고 산 지 23년째예요. 그런데 돌아보면 성과가 참 미미합니다. 올해 합천으로 터를 옮겼는데 새롭게 시작해 보려는 마음 한편에는 걱정과 두려움이 있어요. 주로 출소자들이 모여 있어서 그런지 다툼이 잦아요. 늘 서열을 정해 달라고 불평하고요. 언뜻 교도소를 그대로 옮겨 놓은 듯한 느낌이 들 때도 있습니다. 도대체 어디서부터 이 문제를 풀어가야 할지 몰라 고심할 때가 많습니다."

이야기를 듣던 마가렛이 흥분된 표정으로 자신의 경험을 쏟아 냈다.

"우리도 똑같은 경험을 했어요! 공동체를 막 시작했을 때, 구성원들은 집과 모든 소유를 전부 나눠 썼어요. 그러자 노숙자와 실직자, 알코올중독자, 마약중독자 이런 이들이 도와 달라며 찾아왔죠. 그런데 그들과 같이 살면서 어려운 문제들이 끊임없이 생겼어요.

얼마 지나지 않아 우리는 비슷한 어려움을 가진 사람들만 모인 게 문제의 원인이라는 사실을 깨달았어요. 그래서 공동체 구성원을 다양하게 바꿨지요. 아이와 노인, 남자와 여자, 배운 사람과 못 배운 사람 등의 비율을 적절히 맞췄어요. 그러고 나니, 특별한 노력을 기울이지 않았는데도 별 문제없이 공동체가 움직이더라고요!"

다양성! 그 하나만으로 공동체의 어려움이 해결되었다는 것이다. 공동체는 살아 있는 유기체와 같다. 다양한 동식물들이 서로 이바지하며 생태계를 유지하듯 다양한 사람들이 서로에게 대안적 역할을 함으로써 공동체를 정화하고 유지시킬 수 있다.

그 반면 목표가 뚜렷한 기관이나 조직은 효율성을 위해 만든 틀 때문에 경직되거나 획일화되기 쉽다. 또 개별성은 비효율적이라는 이유로 통제되며, 완고한 통제 시스템에서 개인의 에너지들은 억압되었다가 부정적으로 분출되기도 한다.

마가렛은 말했다.

"다양한 구성원들이 그리스도 안에서 한 몸을 이루어 갈 때, 온전한 공동체가 이루어질 거예요."

한 몸을 이룬다는 말은 안벽해지라는 뜻이 아니라 온전해지라는 뜻이었다. 다양한 사람들이 차별 없이 어울리며 서로를 포용하는 것이 바로 온전함일 것이다.

그 후 우리는 다양성으로 활기찬 공동체를 꿈꾸기 시작했다. 물론 꿈이 저절로 이루어질 리 없었다. 우선은 그저 열린 마음으로 기도하며 하나님의 뜻을 구하기로 했다. 희한하게도 기도로 우리 마음이 열리자 하나님은 공동체를 온전하게 해 줄 사람들을 보내 주셨다.

영기와 장혜선 권사

우리 중 가장 맑은 영혼을 지닌 영기와 그의 어머니이자 오두막의 요리사인 장혜선 권사는 기도의 첫 번째 응답이며 우리가 꿈꾼 다양성의 첫 번째 빛깔이다.

두 사람이 오두막에 온 건 2007년이다. 당시 영기의 나이는 24살이었지만 지능은 7살 아이 수준이었다. 휴대전화를 잘못 만져서 2백만 원이 넘는 요금 폭탄을 맞기도 하는 등 골치 아픈 사고를 자주 저질렀다. 늘 주눅이 들어 있었지만, 감정을 잘 다루지 못하고 흥분할 때면 어머니를 때리는 등 폭력적 성향을 보였다.

영기네 가족은 아버지 사업 때문에 가족 모두 멕시코에 살았다. 하지만 영기가 적응하지 못하자 장 권사는 영기를 위해 한국으로 돌아와 친정인 부산에 머물렀다. 그녀는 영기를 혼자서 감당하지 못해 무척 지쳐 있었다.

장혜선 권사의 친정어머니이자 영기의 외할머니는 바로 산성집 주인 할머니였다. 영기의 외할머니는 기도하는 중에 우리 공동체를 생각해 내셨다.

"우리 손자를 잠시만 돌봐 주실 수 있겠어요?"

그분의 목소리에는 울음이 담겨 있었다. 대부분의 구성원이 출소자인 오두막 공동체에 정신적 어려움을 겪는 손주를 보낸다는 생각은 보통 사람들이 보기에는 납득하기 어려운 선택이었다. 장 권사도 처음에는 그다지 내켜 하지 않았다. 하지만 영기의 외할머니는 우리를 오래 지켜보며 공동체를 신뢰했기에 거듭해서 강권했다. 장 권사는 며칠 동안 한숨이라도 돌리자는 생각으로 영기를 데리고 공동체로 왔다.

우리가 영기를 위해 해 줄 수 있는 건 많지 않았다. 정신 건강을 돌볼 의학적 전문성을 갖춘 사람도 없었다. 다만 영기가 자연을 마음껏 누리도록 배려했다. 또 아침에 닭 모이를 주는 정도의 노동을 부탁했다. 그런데 이를 통해 영기가 꾹꾹 눌러 온 에너지가 자연스레 발산되었고, 영기는 조금씩 자신감을 회복했다. 어머니를 때리는 일도 현저히 줄었다.

'영기를 낫게 해 주시면, 이 공동체에 남아 섬기겠습니다.'

장 권사는 남몰래 이런 기도를 드렸다고 한다. 그리고 아들이 편안해하는 모습을 보이자 오두막을 자신의 집으로 삼기로 마음먹었다. 그때부터 십년 째 영기와 장 권사는 공동체의 일원이 되어 함께 살고 있다.

만약 영기가 도시에서 계속 살았다면 어땠을지 조심스레 짐작해 본다. 터져 나오는 에너지를 표출할 길이 없어 더 난폭해지지는 않았을까. 그럴수록 거추장스럽고 부담스러운 존재가 되지는 않았을까.

하지만 오두막에 머문 영기는 타고난 힘에다 기술까지 익혀 맡은 일은 무엇이든 척척 해내는 준전문가와 같은 일꾼이 되었다. 이제 영기는 공동체에 웃음을 일으키는 사람이다. 상대를 가리지 않는 특유의 살가운 미소, 순수하고도 아낌이 없는 친절과 넘치는 장난기에 모두 무장해제를 당하고 즐거워한다. 다른 식구들도 어린 아이 같은 영기와 지내며 덩달아 착해지는 것 같다.

큰아들 영신네 가족

우리 공동체에 다양성을 더해 준 두 번째 식구는 큰아들 영신네 가족이다. 사실 큰아들이 공동체에서 함께 살게 되리라고는 전혀 예상하지 못했다.

우리 부부에게는 아들 셋, 딸 하나가 있다. 자녀들은 어려서부터 출소자들을 돌보는 일을 그리 달갑게 여기지 않았다. 출소자와 알코올중독자들을 피붙이 가족보다도 우선시하는 부모를 어린 자녀가 어떻게 이해할 수 있었겠는가. 자녀들은 고등학교를 졸업하고 각자 대학 등록금을 벌어 공부했고, 결혼할 때도 우리 부부의 재정적 도움을 전혀 받지 못했다. 자녀들은 부모에게서 받아 마땅한 사랑을 박탈당했다며 원망했고, 절대로 아빠, 엄마처럼 살지 않겠다며 대거리하기도 했다.

나도 내 인생이 이리 될 줄은 몰랐다. 언급했다시피 '출소자 사역'이나 '공동체 사역'을 하겠다고 마음먹고 시작한 일이 아니었다. 나를 이리로 내몬 것은 복음이었다. 이 일을 그만두려면 신앙의 양심까지 포기해야 할 것 같았고 하루하루 먹고살 양식을 내려 주시니 중단하지 못했을 따름이다. 나조차도 잘 헤아리지 못하는 삶이니, 자녀들이 헤아리지 못하는 것은 당연했다.

물론 힘에 겨울 때는 친지 중 누구 한 사람이라도 공동체에 동참해 주면 좋겠다고 생각한 적은 있었다. 그러나 차마 입 밖에 낼 용기는 없었다. 그런데 부산에 살던 큰아들 가족이 도시 생활에 지쳐 시골로 들어와 살겠다고 연락해 왔다.

"공동체에 들어가 살겠다는 게 아니에요. 공기 좋은 데서 지내려는 거니까 그렇게만 알고 계세요."

같이 살려는 게 아니라니 실망도 됐지만, 차로 20분이면 닿는 지척에 살게 된다니 일단 반가웠다.

당시 큰아들 영신은 탈진한 상태였고, 애초에 시골에서 살 마음이 없었던 자부 또한 시골살이에 쉽게 적응하지 못했다. 속마음을 털어놓을 친구도 하나 없고 불편한 것들이 너무 많았을 것이다. 1년쯤 지나서 자부는 우울에 시달리다 혼자서라도 도시로 나가야겠다고 선언했다. 그런데 그때 예상치 못하게 둘째를 임신했다. 도시에서 홀로 아이를 낳아 기르는 건 불가능했기에 자부는 잠시 계획을 미루어야 했다.

그런데 둘째를 낳고 2년 후에 다시 셋째를 임신했다. 그러고 나서는 이곳을 떠나려던 생각을 자연스럽게 내려놓았다. 착한 자부와 세상에서 가장 예쁜 세 손녀로 인해 우리 공동체에 행복한 기운이 넘치는 것을 생각하면 그저 감사할 따름이다.

맏이에게 힘이 되어 준 것은 우리 부부가 아니라 돈 잘 버는 막내아들이었다. 막내가 생활비를 지원해 준 덕분에 영신은 농사를 짓고 닭장도 만드는 등 공동체 일을 조금씩 거들며 회복해 갔다. 특히 대학에서 건축 공부를 하면서 언젠가 멋있는 예배당을 짓겠다고 기도한 것을 잊지 않고 예배당을 짓는 데 헌신하기도 했다.

영기네보다 한 달 늦게 합류한 큰아들 가족이 우리와 함께한 지도 어느새 10년째다. 그 사이 영신도 공동체를 깊이 이해하게 되었다. 우리 부부는 내심 영신이 언젠가 이 공동체의 리더 역할을 맡아 주기를 바란다. 물론 우리의 뜻을 내세운다고 해서 될 일이 아니다. 그래서 그저 주님의 뜻을 구하며 함께 기도하고 있다.

상처 입은 자들의 피난처

다양한 사람들이 모이며 오두막은 점점 제 이름에 걸맞는 피난처 역할을 해 나갔다. 상처 입은 사람들이 하나둘 찾아와 회복의 다리를 건넜고, 그 다리를 튼튼하게 만들었다. 그중에는 아픈 자녀를 향한 지극한 사랑 때문에 공동체에 동참한 분들이 있다.

들꽃 그리기를 남달리 좋아하는 정영란 선생은 책에서 우리 공동체 이야기를 접하고선 앞뒤 재지 않고 서울에서 합천으로 내려왔다. 강박증을 가진 아들 *준규 때문에 가족은 이미 정상적인 생활을 할 수 없는 지경이었다.

준규는 자기만의 세계가 공고해 처음 만났을 때는 일상 대화를 하기가 여간 어렵지 않았다.

"밥 먹었니?"

"신라 고분에는 아리안인의 미라가 숨겨져 있어요."

"미라가 신라 고분에 있다고?"

"경주에 가면 그 미라를 살릴 수 있어요."

도무지 종잡을 수 없는 이야기였다. 하지만 반복해서 미라 이야기를 듣다 보니 준규의 생각을 조금씩 이해할 수 있었다.

"미라는 어떤 모습이니?"

"얼굴이 하얗고 눈동자는 파래요. 예뻐요."

"그럼, 미라는 여자겠구나?"

"네, 제가 사귀자고 할 거예요. 미라 유전자를 복원하면 돼요."

"유전자를 복원하려면 과학자를 만나야겠구나."

"네, 노벨상 탄 과학자를 찾아야 돼요."

준규가 또래 친구가 없어 느끼는 외로움에 공감하게 되면서 나는 미라의 유전자를 복원해 예쁜 여자 친구를 구하려는 공상을 함께 펼쳤다.

점차 준규는 자신감을 되찾고 공동체에 무엇인가 보탬이 되고 싶어 했다. 다만 준규의 속도와 방식이 남달랐다. 준규는 빗질을 하다 말고 가만히 앉아서 땅을 뚫어져라 쳐다보는 등 한 동작을 하고 다음 동작으로 넘어가는 데 시간이 굉장히 오래 걸렸다. 그럼에도 우리 중 누구도 그를 보채지 않았다. 급할 이유가 전혀 없었기 때문이다. 우리는 준규를 다독여 주며 그가 원할 때 언제든 어울릴 수 있도록 각자의 마음 한편을 비워 두었다.

정 선생은 서울에 살 때는 준규와 함께 있어도 불안하고, 따로 있어도 불안했다고 한다. 그러나 오두막에 오고 나서는 준규가 어디에 있든지 더 이상 불안해하지 않는다. 공동체의 누군가가 늘 준규와 함께 있다. 요즘 준규는 엄마인 정 선생과 떨어져 영기를 포함한 다른 형들과 함께 생활한다. 또 영신이 선생 역할을 하고 있는 일명 '오두막 베이커리'에서 빵과 과자를 만들기도 한다. 도시에서는 상상도 하지 못했던 변화다.

아들을 위해 모든 걸 접고 합천 산골에 내려온 정 선생도 도시를 떠나 잃은 것보다 시골에 살면서 얻은 것이 훨씬 더 값지고 귀하다며 행복해한다. 좋아하는 자연을 마음껏 누리며 그림을 그리고 공예품도 만든다. 현재 그녀는 공방을 겸한 '들꽃 카페'의 카페지기로 활동한다.

가톨릭 신자인 세실리아는 암 말기로 생명이 다해 가는 중에도 아들 *민성을 돌봐 줄 사람을 찾다가 방송에서 우연히 우리 공동체를 알게 되었다. 민성은 원인을 알 수 없는 정동장애를 겪고 있었다. 그녀는 끝내 하나님 품에 안겼지만 민성은 어머니의 바람대로 이곳에서 우리와 함께 잘 지내고 있다.

주위 사람들에게서 '예수님 같은 분'이라는 칭송을 듣던 *이근영 장로는 군 제대 후 강박 증세를 보이는 아들을 고쳐 보겠다고 전국을 돌며 온갖 노력을 기울였으나 모두 허사였다. 그러다 비슷한 어려움을 겪는 이들과 공동체로 살 결심을 하고 오두막을 방문했다가 사업을 정리하고 아예 이곳에 들어왔다.

월남전에 참전했다가 고엽제 피해자가 된 70세의 *박병철 집사 또한 시골교회 임락경 목사의 소개로 아픈 아들을 데리고 오두막을 찾았다.

자녀를 위해 열악한 환경에서도 언제나 기도를 놓지 않는 이 분들의 모습이야말로 우리에게 살아 있는 신앙을 가르쳐 주는 본보기다. 이분들이 자녀들과 공동체를 위해 쉬지 않고 드리는 기도가 오두막 공동체를 든든히 받쳐 준다.

모든 사람이 항상 건강할 수는 없다. 아픈 사람은 어디에나 있다. 다만 오두막에서는 몸과 마음이 아픈 사람들을 부담이 아닌 축복으로 여긴다. 이곳에 자연이 있고 공동체가 있기 때문이리라.

번잡하고 소란한 도시와 달리 단순하고 고요한 산골짜기는 일단 그 자체로 쉼을 주기에 오두막은 지친 이들에게 더할 나위 없는 회복의 공간이 된다. 도시의 바쁜 속도에 쫓기지 않으며 홀로 모든 문제를 끙끙거리지 않아도 되니 '질병' 자체에 골몰할 필요가 자연스레 사라지는 것이다.

오두막에서는 상처 입고 아픈 이들의 속도에 맞춰 주고, 그들의 있는 모습 그대로를 지켜봐 줄 뿐이다. 그런데 그것만으로도 사람들은 이곳에서 안식하고 회복한다.

오두막에서는 누구라도 저마다 제자리를 찾는다. 한 조각이라도 없으면 완성되지 못하는 퍼즐처럼 모두가 소중한 공동체의 일부다. 깨진 유리 조각 같아 보일지라도 위대한 예술가의 손을 거치면 걸작 모자이크가 된다. 하나님의 손으로 만드시는 작품은 결코 실패작이 될 수 없다. 이는 오직 그리스도의 몸인 공동체 안에서라야 생생하게 발견할 수 있는 진실이다.

> 그뿐 아니라 더 약하게 보이는 몸의 지체가 도리어 요긴하고, 우리가 몸의 덜 귀히 여기는 그것들을 더욱 귀한 것들로 입혀 주며 우리의 아름답지 못한 지체는 더욱 아름다운 것을 얻느니라. 그런즉 우리의 아름다운 지체는 그럴 필요가 없느니라. 오직 하나님이 몸을 고르게 하여 부족한 지체에게 귀중함을 더하사 몸 가운데서 분쟁이 없고 오직 여러 지체가 서로 같이 돌보게 하셨느니라. (고린도전서 12:22-25)

잘 키운 도둑 하나

"여보세요?"

"집사님, 저 *동철입니다."

"아이고, 이게 얼마만인가요? 별일 없었죠?"

"저한테 별일 있으면 안 되는 거 아시잖아요. 아무 일 없이 사는 게 제일 잘 사는 건데 그게 쉽지가 않네요. 이유도 없이 갑자기 화가 나면 지나가는 사람 면상이라도 후려갈겨야 속이 시원해질 것만 같아요. 어떤 때는 사무치게 외로워서 죽을 것만 같고요. 집사님, 사고뭉치들만 신경 쓰지 마시고 가끔은 저 같은 사람도 애프터 서비스 해 주셔야 해요. 혹시 저 잊으신 건 아니죠?"

"그럴 리가요. 자주 연락 못해 미안해요. 그래도 이렇게 먼저 전화 줘서 정말 고마워요."

이런저런 이야기를 나누고 전화를 끊었다. 문득 13년 전, 2003년에 동철을 처음 만난 때가 주마등처럼 스친다.

그는 살인강도 혐의로 무기징역 선고를 받았다. 무기수나 사형수는 5-15명 정도가 생활하는 감방에서 서열이 가장 높다. 조폭 출신들도 함부로 건드리지 못한다. 동철은 감방에서 최고 서열로 15년을 복역하다가 감형을 받아 출소했다.

동철 같은 이에게는 출소하는 것이 마냥 좋은 일은 아니다. 무기

수는 교도소 안에서야 가장 높은 지위로 우대받지만 바깥세상에서는 거의 인간 말종처럼 취급받는다. 출소에는 자유를 되찾는 기쁨과 함께 지위가 추락하는 충격이 뒤따른다.

게다가 강산도 변하는 세월이 훌쩍 흘러 버린 동안 사회는 무섭도록 달라져 버린다. 이국땅에 홀로 떨어진 것처럼 하나부터 열까지 전부 낯설다. 하다못해 버스 타기도 겁이 난다. 노선이 달라지고 버스 색깔도 달라졌으며 버스비는 배나 올랐다. 교통카드나 환승같이 사소하지만 자잘한 변화들이 셀 수 없이 많아 아찔할 정도다. 가족의 도움이라도 받으면 좋겠지만 이미 연락이 끊긴 지 오래되어 만날 수조차 없다. 어디 하룻밤 묵을 곳도 찾기 어렵다. 사정이 비슷하던 동철도 어쩔 수 없이 갱생보호공단에 몸을 맡겼다.

"에이, 씨팔! 왜 자꾸 꼬나봐? 내가 무슨 동물원 원숭이인 줄 알아? 이깟 과자 부스러기나 주고서 환심을 사겠다는 거야? 이것들이 어디서 이딴 걸로 사람 비참하게 만들고 있어!"

갱생보호공단에 봉사하러 갔는데, 동철은 처음 보는 우리를 보고 다짜고짜 욕을 퍼부었다. 출소자들은 대부분 성격이 사나운 편이지만 동철치럼 초면에 대놓고 분노를 쏟아 내는 경우는 극히 드물다. 아마 우리가 출소자들에게 일종의 부모 노릇을 하는 모습을 보고 애써 꾹꾹 억압해 둔 고통스러운 기억이 떠올랐을지도 모르겠다. 폭력과 학대를 일삼던 아버지에 대한 증오심과 박탈당한 유년 시절에 대한 상실감에 휩싸인 것은 아니었을까.

유달리 덩치가 큰 그가 억실억실한 눈을 부라리며 살기를 드러낼 때는 조금 위축되기도 했다. 그럼에도 아내와 나는 꾸준히 찾아가 사람들을 돌보았다. 갱생보호공단에서 봉사를 마치고 떠날 때마다 동철에게 눈인사라도 건넸다.

두 달쯤 지났을 때였다. 봉사를 마치고 짐을 챙기고 있는데 동철이 아내를 향해 성큼성큼 걸어왔다. 그리고 커다란 주먹을 불쑥 내밀었다.

"거, 손 좀 펴 봐요."

아내는 꽤 놀랐다. 하지만 곧 당황한 마음을 다잡고 손을 내밀었다. 동철은 한 손으로 아내 손을 마주잡고 주먹 쥔 다른 손을 펴서 돈을 쥐어 주었다.

"이…게 뭔가요?"

"쓰시라고요. 좋은 일 하시는 모습에 감동해서 드리는 겁니다. 난생처음 제대로 일해서 번 돈이에요. 10만 원에서 차비 2천 원은 뺐어요."

출소하고 나서 살 길이 막막해 갈피를 잡지 못하던 그였다. 우울증에 빠져 자살을 생각하던 그였다. 가학과 자학을 반복하며 고

뇌하던 동철은 묵묵히 봉사하는 우리를 내내 지켜보았던 것이다.

'그래, 한결같은 저분들처럼 산다면 나도 살 길을 찾을 수 있지 않을까?'

동철은 그런 생각을 하며 마음을 다잡았다고 한다. 어차피 밑바닥이니 한 걸음씩만 내딛는다면 나아지면 나아졌지, 더 나빠지지는 않을 거라고 믿으며 막노동을 시작했다. 그렇게 해서 번 첫 수입을 고이 간직하고 있다가 우리에게 준 것이다.

생활비 전부에 해당하는 두 렙돈을 헌금한 과부를 보시고 예수님이 받으신 감동이 이토록 뭉클했을까. 그가 건넨 9만 8천 원은 그냥 10만 원이 조금 못 되는 액수의 돈이 아니었다. 그것은 회심의 증거였고, 헌신의 증표였다.

그 후로도 동철은 하루하루 성실하게 일했고 나중에는 영세민 임대아파트도 얻었다. 갈 곳 없는 장애인과 알코올중독자, 전과자 등을 그곳에 데려와 함께 살기 시작했다.

뒷골목에서 본드를 흡입하는 아이들을 타이르기도 하고 어려운 처지에 있는 사람을 곧잘 돕는 모습을 보고 이웃에서는 동철을 '이장님'이라고 부르곤 한다. 동철은 '오두막 공동체 부산 지부장'을 자처하며 장재호 장로가 무상으로 빌려주신 산성집 주변 땅에서 농사를 짓는다. 밭에서 일하는 하루하루 영혼의 밭도 일구면서.

성화는 가능하다. 거룩하게 변화되는 삶이 분명히 있다. 동철이 바로 그 증인이다. 가끔 지쳐서 낙심될 때마다 나는 동철이 해 준 말을 기억한다.

30여 명의 대식구를 먹여 살리고 아픈 이들의 병원비를 조달하느라 이리저리 뛰어다니던 때였다. 식구들에게서는 변화의 조짐이 전혀 보이지 않았다. 변화는커녕 변함없이 사고를 치고 다녀 그 뒤치다꺼리를 해야 했다. 그날은 하도 울화가 치밀어 분을 삭이지 못하고 있었다. 동철은 내 이야기를 듣더니 이렇게 말했다.

"집사님, '잘 키운 딸 하나가 열 아들 안 부럽다' 그런 말이 있지요? 잘 키운 도둑 하나가 열 순경 안 부럽습니다. 다른 사람은 몰라도 저를 보세요. 제가 집사님을 못 만났으면 무슨 짓을 하고 다녔을지 몰라요. 지하철에 불을 질렀을지도 모르고 홧김에 칼 들고 나가서 지나가는 사람을 찔렀을지도 모르죠. 더구나 제 전력은 살인강도잖아요. 집사님이 저 같은 놈 하나를 거두어 주신 덕분에 얼마나 많은 대형 참사를 막았는지는 오직 하나님만 아실 거예요."

동철의 이야기를 듣기 전까지는 전과자 한 사람의 파급력이 얼마나 큰지 구체적으로 상상해 본 적이 없었다. '열 포졸 도둑 하나 못 잡는다'는 속담도 떠올랐다. 한 명의 범죄자가 저지르는 해악의 총량은 열 명의 경찰이 감당하지 못할 정도로 크다.

거대한 화마와 싸우며 사람들을 구하는 일만큼이나 큰불로 이어질 작은 불씨 하나를 살피는 일도 중요하다. 출소자 한 사람과 더불어 살아가는 것은 결코 시시한 일이 아니다. 예수님이 비유를 통해 작은 일에 충성한 종을 칭찬하신 의미를 다시금 새롭게 깨칠 수 있었다.

그 주인이 이르되 잘하였도다. 착하고 충성된 종아, 네가 적은 일에 충성하였으매 내가 많은 것을 네게 맡기리니 네 주인의 즐거움에 참여할지어다.

(마태복음 25:21)

한 사람의 출소자와 더불어 사는 것. 그 한 가지만으로도 나는 충분하고 충만하다. 감히 내가 하나님의 기쁨에 참여하도록 초대받았기 때문이다. 더 이상 바랄 나위가 없다. 잘 키운 도둑 하나, 열 순경 안 부럽다!

내가 너희에게 이르노니 이와 같이 죄인 한 사람이 회개하면 하늘에서는 회개할 것 없는 의인 아흔아홉으로 말미암아 기뻐하는 것보다 더하리라.

(누가복음 15:7)

2부

오두막에 머무는 행복

(2006-현재)

다석 유영모 선생은 '오늘'을 '오, 늘! 오, 영원!'이라고 풀었다.
하루의 일상을 '오!' 하고 감탄하며 감사하는 사람은 영원인 '늘'을 덧입는 것이다.
그렇다면 오두막 공동체의 오늘이야말로 시간에 깃드는 영원이자
이 땅에 머무는 저 하늘이리라.

30여 년 전에 나에게 찾아오신 하나님의 마음은 아픔이었다. 그 마주침이 너무도 강렬해서 나는 그 후로도 꽤 오랫동안 하나님의 슬픔과 눈물에 초점을 맞추었다. 그 탓이었는지 사역은 엄숙하다 못해 경직되었고, 거룩함을 추구했지만 사뭇 강압적이기까지 했다. '항상 기뻐하라'는 말씀에도 불구하고 기뻐하기는커녕 내 표정은 언제나 굳어 있었다. 공동체도 마찬가지였다. 식구들은 그다지 행복해 보이지 않았고 공동체의 분위기는 주로 심각했다.

하지만 하나님의 마음을 알고자 한다면 하나님의 슬픔뿐 아니라 기쁨도 알아야 하리라. 합천에서 머문 지난 10여 년 동안 오두막 공동체는 기쁨을 배웠다. 하나님 앞에서 기뻐하고 하나님 안에서 즐거워하는 법을 걸음마 떼듯 익혔다. 처음에는 익숙하지 않아 서투르고 더뎠지만 그리스도인의 표지인 기쁨이 마침내 오두막 공동체의 일상에도 점차 스며들었다.

공동체의 하루는 지극히 평범하다. 그저 먹고 자고 싸고 일하고 쉬는 일상의 반복이다. 그 일상을 여럿이 함께 나눌 뿐이다. 명망 있고 위대한 업적을 이룬 사람도, 악명 높고 흉악한 범죄를 저지른 사람도 별 수 없이 일상을 산다. 지루하고 따분한 일상이 어느 누구에게나 공평하게 인생의 대부분을 차지한다는 사실을 누군가는 불행으로, 또 다른 누군가는 다행으로 여길 수 있다.

오두막에서 일상은 축복이다. 오두막에는 걱정과 염려 탓에 잠들지 못하던 사람, 불안을 달래지 못해 밤낮 화장실만 들락거리던 사람, 악착같이 경쟁하느라 탈진한 사람, 걸핏하면 화가 치밀어 누군가를 욕하고 때려야만 하던 사람, 술을 끊지 못해 가족에게도 버림받은 사람, 원인 모를 증상 탓에 끊임없이 고통에 시달리며 한시도 마음을 놓지 못하던 사람들이 있다. 이들의 사정은 각양각색이지만 오두막에 오고 나서는 모두가 평범한 일상을 보내고 있다. 그리고 전혀 특별할 것 없는 하루의 일상을 마치 천상의 하루처럼 소중히 여긴다.

범사에 감사하라. 이것이 그리스도 예수 안에서 너희를 향하신 하나님의 뜻이니라. (데살로니가전서 5:18)

범사에 감사하는 것이 하나님의 뜻이니, 평범하기 그지없는 일상에 감사하는 사람은 하나님의 뜻을 이루는 셈이다. 그래서 모든 이에게 주어진 공평한 오늘 하루마다 하나님의 뜻이 펼쳐질 가능성이 담겨 있다.

다석 유영모 선생은 '오늘'을 '오, 늘! 오, 영원!'이라고 풀었다. 하루의 일상을 '오!' 하고 감탄하며 감사하는 이는 영원인 '늘'을 덧입는 것이다. 그렇다면 오두막 공동체의 오늘이야말로 시간에 깃드는 영원이자 이 땅에 머무는 저 하늘이리라.

오두막 공동체의 하루는 오전 7시 20분, '화해와 일치의 집'에 모여 아침 예배를 드리며 시작된다. 교회나 수도원에서 보통 새벽 5시, 늦어도 6시에 모이는 것과 비교하면 오두막의 아침 예배 시간은 늦은 편이다. 약물의 도움을 받는 식구들이 푹 자고 일어나기에 무리가 없도록 시간을 조정했기 때문이다. 7시 20분은 우리 공동체 사정에 맞춘 최적의 시간이다.

아침 예배에서는 1시간가량 찬송을 부르고 말씀을 나누고 기도한다. 찬송가를 1장부터 매일 한 장씩 부르고 성경도 순서대로 읽는다. 이는 취향에 맞는 내용만 반복적으로 소비하지 않기 위한 최소한의 장치다. 한 명씩 돌아가며 미리 묵상하고 느낀 것들을 나눈다. 물론 서투르고 어색한 경우도 있지만 그럴수록 격려하며 개인의 묵상이 공동체의 나눔이 되도록 경청한다. 그 후에는 서로 묻고 답하며 묵상을 풍요롭게 이어간다. 마지막으로 개인과 공동체의 기도 제목을 두고 함께 기도한다.

예배가 끝나면 그 자리에서 식사를 한다. 보통 아침 식사는 영기 어머니인 장혜선 권사가 준비한다. 식사 후에는 다과를 나누면서 시시콜콜한 이야기를 주고받기도 하고 일정도 조율한다. 생일 맞은 식구가 있으면 축하 시간을 갖는데, 식구가 많아 2주에 한 번 꼴이다.

9시 30분이 되면 각자 맡은 일을 하기 위해 흩어진다. 노동 시간은 하루 네 시간으로 한정된다. 나머지 시간은 자신을 돌보는 데 쓰기 위해서다. 만약 네 시간의 노동이 힘들면 그보다 적게 일해도 무관하고, 아예 쉬어도 된다. 필요에 따라 오전에 상담을 받으러 가는 사람도 있고 치료를 받으러 병원에 가는 사람도 있다. 특별히 할 일이 없는 날에는 각자 좋아하는 취미 활동을 하기도 한다. 점심과 저녁에도 공동으로 식사한다. 점심은 진옥남 집사가, 저녁은 미정 자매가 준비한다.

수요일에는 여성 기도 모임과 심신이 미약한 이들을 위한 성경 공부가 있다. '독수리 5형제'로 통하는 심신이 미약한 젊은 청년들이 있는데 금요일에는 이 독수리 5형제가 빵과 쿠키를 만든다. 첨가물 없이 자연 발효한 재료로만 만드는데도 향긋하고 맛이 좋다. 정성껏 만든 빵과 쿠키를 식구들 간식으로도 먹고 들꽃 카페에서 판매하기도 한다. 토요일에는 온 식구가 대중목욕탕에 가서 목욕을 하고, 2주에 한 번씩 등산도 한다.

일요일 오전 11시에는 오두막공동체교회에서 예배를 드린다. 우리 식구뿐 아니라 마을 주민들과 마산, 부산, 창원 등 멀리서 찾아오는 분들을 포함해서 50명 정도 참석한다. 예배 후에는 다함께 찬송가나 동요, 가곡 등을 부르다가 조별로 흩어져 이야기를 나누거나 개인 상담을 한다.

오두막의 일상은 단조로울 정도로 평범하고 느리다. 오두막에는 특별한 프로그램이 없다. 지켜야 할 의무나 규칙도 별로 없다. 빈틈이 너무 많아 허술해 보일 정도다. 그럼에도 오두막에 머무는 많은 사람이 그 느슨하고 단순한 일상 속에서 치유를 경험한다.

도대체 어떻게 이런 일이 가능할까? 오두막의 하루에는 정말 '별 게 없는' 까닭이다. 바로 그 '가난' 덕분에 누구나 오두막에서 머물 때 전혀 다른 행복을 맛볼 수 있다. 예수님의 말씀대로 천국은 오직 심령이 가난한 사람들이 얻기 때문이다(마태복음 5:3). 예수님의 경고대로 부자는 천국에 들어가기가 무척 어렵다(마태복음 19:23). 현대사회에서 새로운 차원의 행복은 속도의 독재를 멈추고 이윤의 추구를 그치는 곳에서만 움튼다.

자본은 그저 더 많은 자본을 낳을 뿐, 풍성한 행복을 창조하지 못한다. 물론 많은 돈은 안락한 편의를 제공한다. 자본은 예쁜 옷,

멋진 차, 큰 집, 비싸고 좋은 상품들을 보장하는 것처럼 보인다. 그러나 아이러니하게도 가지면 가질수록 결핍감은 늘어난다. 더 예쁜 옷, 더 멋진 차, 더 큰 집, 더 비싸고 좋은 상품들이 끊임없이 새로 등장하기 때문이다. 그래서 수많은 사람이 이미 가진 것에 좀처럼 만족하지 못한 채 그저 더 많은 돈을 얻으려고 내달린다.

> 너희는 이 세대를 본받지 말고 오직 마음을 새롭게 함으로 변화를 받아 하나님의 선하시고 기뻐하시고 온전하신 뜻이 무엇인지 분별하도록 하라.
> (로마서 12:2)

현대사회의 가장 큰 특징은 미친 듯이 질주하는 속도다. 따라서 사도 바울의 권면대로 현대를 사는 우리가 이 세대를 본받지 않기 위해서는 가장 먼저 이 시대의 질주에 제동을 걸어야만 한다. 현대사회의 광적인 속도를 서서히 늦추지 않고서는, 아니 완전히 멈추지 않고서는 마음이 새로워지고 변화를 받아 하나님의 뜻을 분별하기란 불가능하다.

삶은 속도를 늦출수록 생생해지고, 소유를 줄일수록 풍성해진다. 우리가 단순한 삶을 살아간다면 비로소 행복도 우리 곁에 머물 것이다.

서로 다른 다양한 사람들이 예수님이 주신 '서로 사랑하라'는 새 계명 하나를 붙들고 외진 산골에 머무는 이유는 오직 하나다. 단순한 순종과 단순한 생활이 낳는 단순한 기쁨으로 충만하기 위해서다.

> 내가 아버지의 계명을 지켜 그의 사랑 안에 거하는 것같이 너희도 내 계명을 지키면 내 사랑 안에 거하리라. 내가 이것을 너희에게 이름은 내 기쁨이 너희 안에 있어 너희 기쁨을 충만하게 하려 함이라. (요한복음 15:10-11)

예수님은 제자들에게 충만한 기쁨을 얻게 하려고 새 계명을 가르치셨다. 항상 기뻐해야 할 그리스도인에게 기쁨보다 시급한 것은 없다. 우리가 만약 기쁘지 않다면, 혹여 행복하지 않다면 그토록 바동대는 사역이 도대체 무슨 소용인가. 우리는 무엇보다도 먼저 하나님을 기뻐하고 하나님 안에서 즐거워하는 법을 배워야 한다.

2부에서는 오두막 공동체가 배운 하나님의 기쁨을, 오두막에 스민 하늘의 행복을 나누고자 한다.

6장

깊어지는 배움

하나님은 공동체가 '타자'를 '환대'하면서
깊어지도록 이끄셨다.
…환대란 생판 모르는 남에게도
기꺼이 머물 공간을 내주는 행위다.
즉 누구에게든 그가 살 만한 자리를 허용해 주고,
누구에게나 사람대접을 받을 자격이 있다고
인정해 주는 것이다.
환대가 없으면 우정도 없고,
우정이 없으면 공동체도 없다.
진정한 복음의 공동체는 환대의 공동체다.

단순한 삶에 순전한 기쁨이 깃든다. 이는 오두막 공동체가 겪어 온 경험에서 우러나온 고백인 동시에 무수한 실험을 거쳐 얻은 잠정적 결론이다. 단순한 삶이 주는 행복을 깨닫기까지 오두막 공동체는 말씀을 따라 행하는 순종의 실험을 거쳐야 했다. 달리 말해 공동체는 수많은 시행과 착오를 끊임없이 되풀이하며 '형제자매가 어울려서 함께 사는'(시편 133:1, 새번역) 즐거움을 배웠다.

> 그러므로 예수께서 자기를 믿은 유대인들에게 이르시되 너희가 내 말에 거하면 참으로 내 제자가 되고 진리를 알지니 진리가 너희를 자유롭게 하리라. (요한복음 8:31-32)

믿음으로 주님의 말씀에 순종하지 않고서는 진리를 알 수 없고, 진리를 모르면 자유로울 수 없다. 히브리어 '야다'(yadah)는 '경험을 통해서 안다'는 뜻이다. 유대인들은 경험한 후에야 비로소 안다고 여겼다. 성경의 진리도 머리만 굴려서는 모른다. 온몸으로 살아낼 때만 몸소 알게 되는 것이다. 오두막 공동체 또한 실수와 실패를 반복해서 경험함으로써 하나님의 뜻을 조금씩 깨달았다. 그렇게 서서히 공동체는 깊어져 갔다.

환대에 대하여

하나님은 오두막 공동체가 느리고 단순한 삶에 이르러 순전한 기쁨을 누리기까지 특별한 방식으로 인도하셨다. 우리는 하나님이 공동체에 보내 주신 손님들을 통해 그분의 뜻을 배웠다. 달리 말해 하나님은 공동체가 '타자'를 '환대'하면서 깊어지도록 이끄셨다. 그것은 전혀 예상하지 못한 방식이었다.

> 형제 사랑하기를 계속하고 손님 대접하기를 잊지 말라. 이로써 부지중에 천사들을 대접한 이들이 있었느니라. 너희도 함께 갇힌 것같이 갇힌 자를 생각하고 너희도 몸을 가졌은즉 학대받는 자를 생각하라. (히브리서 13:1-3)

하나님의 뜻을 알기 위해서는 낯선 손님들을 환대해야 한다. 환대란 생판 모르는 남에게도 기꺼이 머물 공간을 내주는 행위다. 즉 누구에게든 그가 살 만한 자리를 허용해 주고, 누구에게나 사람대접을 받을 자격이 있다고 인정해 주는 것이다. 환대가 없으면 우정도 없고, 우정이 없으면 공동체도 없다. 진정한 복음의 공동체는 환대의 공동체다.

그런데 환대를 배우고 실천하기에 오두막 공동체는 태생부터 불리한 조건을 지니고 있었다. 공동체 구성원 대부분이 어려서부터 환대를 받기보다는 학대를 당했다. 공동체 또한 도시에서 받은 박대를 기억하고 있었다. 사람들은 공동체에 출소자가 있다는 사실을 알자마자 우리를 적대하며 발붙일 수도 없게 내몰았다. 출소자 공동체라고 낙인찍힌 우리에게 공간을 내주는 이웃을 만나는 일은 쉽지 않았다.

땅이 있고, 집이 있다고 해서 자연스럽게 그곳에 머물 권리와 자유가 주어지지 않는다는 사실을 우리는 이미 오래전에 알았다. 아무리 산골이라고는 해도 합천 땅에 자리 잡는 일도 그곳에 먼저 살던 이들의 환대 없이는 불가능한 일이었다.

그런 의미에서 우리에게 진정한 환대를 베풀고 환대를 가르쳐 주신 스승은 합천면 쌍백리에 사시는 동네 할머니들이었다. 그분들 덕에 우리는 그곳에 뿌리내릴 수 있었다.

합천으로 터를 옮기면서 후원에만 의지하지 않고 자립할 필요를 느꼈다. 자급자족하기 위해 처음으로 배추 농사를 지었다. 집수리를 마치고 나니 2006년 8월 하순이었고, 때마침 가을배추를 심을 시기였다. 묵은 땅을 갈아엎는데 맨손으로 돌 고르는 작업이 만만치 않았다.

"차라리 놀고 있는 우리 땅을 부치구려."

동네 할머니들이 우리를 딱하게 여기시고, 농사지을 만한 땅을 거저 빌려주셨다. 이곳저곳에 내주신 땅을 가늠해 보니 2천 평이 넘었다. 도심에서는 돈이 있어도 20평짜리 건물에 들어갈 수도 없었는데, 산골에서는 그보다 100배나 넓은 땅을 공짜로 받은 셈이었다.

감사한 마음으로 열심히 농사를 지었다. 비료나 농약을 치지 않아 벌레가 먹은 흔적이 제법 남았지만 가을에는 배추를 넉넉하게 거두었다. 그 배추로 김장을 해서 할머니들께도 드렸다. 물론 그것은 우리가 받은 것의 일부였을 뿐이다.

이웃 할머니들께 괜한 피해를 주지 않으려고 공동체 식구들도 최대한 조심했다. 우리 부부는 특별히 그분들의 필요를 살폈다. 어디로 튈지 모르는 이들과 더불어 살며 그들의 필요를 헤아리던 경험이 도움이 되었다.

일요일에 예배를 마치면 동네 할머니들을 공동체로 초청해 함께 식사를 했다. 마을 어귀에서 걸어가는 분을 만나면 차를 태워 드렸고 아픈 분들을 부산에 있는 병원에 모시고 가서 무료로 치료받도록 연결해 드렸다. 전구를 갈아 드리고 텔레비전 수리도 해 드렸다. 우연히 생신이라도 알게 되면 깜짝 파티를 열어 드렸다. 고깔모자를 쓰시고선 어린아이처럼 신나 하시는 모습에 우리도 즐거웠다.

이웃에게 따가운 눈총을 일방적으로 받는 게 아니라 이웃과 따뜻한 눈길을 주고받기 시작한 것은 공동체 식구들에게 놀라운 사건이었다. 할머니들은 농사에 서툰 우리를 하나하나 가르쳐 주셨다. 유용한 조언도 감사했지만 무엇보다 우리를 이웃으로 대해 주시는 것이 가장 고마웠다.

여기에는 우리가 머물 자리가 있다. 우리도 이웃과 관계를 맺을 수 있다. 그것이 너무나 행복했다. 그리고 깨달았다. 그 어떤 선물이나 표현으로도 할머니들께 받은 환대를 그분들께 되갚을 수 없다는 사실을 말이다. 그 대신 우리가 받은 조건 없는 환대를 남에게 베풀어야 한다는 거룩한 책임을 느꼈다.

예수님은 환대의 진정한 모범이시다. 예수님의 밥상 공동체에는 어느 누구도 배제되는 이가 없었다. 예수님은 바리새인들의 집을 방문하기도 하셨고, 세리와 죄인들과 함께 식사하여서 '세리와 죄인의 친구'(누가복음 7:34)라고 불리셨다. 당대에 사람대접을 받지 못하던 여성과 대화를 나누시며 하나님 나라의 복음을 알려 주셨고, 제자들이 가까이 오지 못하게 막던 어린이들을 불러 품에 안아 주셨다.

예수님은 '지극히 작은 자 하나'에게 한 것을 그분께 해 드린 것으로 여긴다고 선언하시며(마태복음 25:40) 우리에게 환대할 것을 명하셨다. 그래서 오두막에서는 찾아온 이들의 출신을 묻지 않고 과거의 행적이나 병력도 따지지 않는다. 그가 공동체의 일상을 함께 할 수 있게 자리를 마련해 줄 뿐이다.

너희는 나그네를 사랑하라. 전에 너희도 애굽 땅에서 나그네 되었음이니라.
(신명기 10:19)

'묻지도 따지지도 않고' 누구든 우리 가운데 머물 자리를 마련해 주는 환대. 공동체는 동네 할머니들께 그러한 환대를 받았기에 합천에 자리를 잡아 갔다. 그리고 우리도 찾아온 이들에게 환대를 베풀며 진정한 복음의 공동체가 되라고 이끄시는 하나님의 인도하심을 따라 한 걸음씩 나아갔다.

조건 없는 환대

환대는 개념으로 생각할 때는 아름다울 수 있어도 막상 행동으로 그것을 실천하려면 무척 고통스럽다. 공동체가 과연 '누구나' 환대할 수 있을까? 공동체가 말 그대로 '누구라도' 머물 자리를 확보해 주기 위해 치러야 할 대가가 어마어마할 때도 있었다.

아흔아홉 마리 양들을 들에 두고 한 마리 잃은 양을 찾으시는 예수님(누가복음 15:4)의 본을 따라 실제로 중증 알코올중독과 경계선 인격장애를 앓는 한 사람의 자리를 마련해 주겠다고 수십 명의 식구들을 내버려 둘 수 있을까? 이처럼 답을 내기 어려운 문제들이 산더미 같았다.

환대해야 한다는 당위는 있었지만 아직 환대를 실천할 역량은 턱없이 부족했다. 겨우 공동체가 합천에 자리 잡기 시작할 무렵이었는데도 갈 곳을 찾지 못한 길 잃은 양들이 하나둘 오두막으로 모여들었다.

"죽겠다고 무기한 단식에 들어간 사람이 있어요. 저희도 보호 기간이 다 차서 퇴소를 시켜야 하는데 도저히 보낼 만한 데가 없어요. 어떻게 하면 좋지요?"

갱생보호공단 직원의 간곡한 부탁을 차마 거절할 수 없었다. 심한 우울증과 알코올중독으로 고생하는 *성수가 그렇게 공동체에 들어왔다. *경현은 친구가 자기를 죽이려 하니 며칠만 보호해 달라고 부탁해 왔다. *한주는 겨울만 되면 노숙할 곳이 없어 일부러 파

출소에 들어가 닥치는 대로 기물을 파손해 교도소에서 겨울을 나던 이였다. 도박 중독이던 *재훈은 어느 날 몸이 급격히 나빠져 오두막을 찾았다.

오두막에 온 많은 사람의 공통점은 거의 다 중증 알코올중독을 앓는다는 점과 오두막이 아니고서는 달리 갈 데가 없다는 점이었다. 가족 중에 알코올중독자가 있다면 잘 알 것이다. 알코올중독자들과 평범한 일상생활을 함께한다는 것은 거의 기적 같은 일이다. 잘 지내는 것 같다가도 갑자기 술을 마시고 돌변할 때는 사람이 아니라 짐승 같았다.

이들은 약물치료를 받았음에도 효과가 크지 않았다. 그래서 금주 교육을 시도했다. 기독교국제금주학교 김도형 목사를 초빙하여 12주에 걸친 재활 프로그램을 진행했다. 상담 전문 공동체인 대전 열방 공동체 이한욱 목사도 상담과 교육을 맡아 주었다.

하지만 변화는 쉬 나타나지 않았다. 성수는 치료와 상담을 받은 후에 더 이상 자살 시도는 하지 않았지만 술을 끊지 못해 자주 깽판을 놓았다. 경현은 치료를 받기 전부터 정신병적 증상이 심했다. 약물치료와 금주 교육도 별로 소용이 없었다. 그는 술을 마시다가 지인과 싸움이 붙었는데, 불행히도 지인이 죽고 말았다. 경현은 체포되어 교도소에 들어갔다.

한주는 입원해서 집중치료를 받으며 처음으로 교도소 밖에서 따뜻하게 겨울을 보냈다. 그는 호전되는 듯 보였다. 병원에서도 치료가 잘 되고 있다고 판단해서 외출을 허락해 주기도 했다. 그런데 어느 날, 그는 술에 잔뜩 취해 병원 정원에 있는 나무에 목을 매고 말았다.

재훈은 개중 가장 성실했다. 착실하게 치료를 받았고 정부에서 주는 기초생활수급비를 우리에게 맡겨 2년 동안 천만 원가량의 돈도 모았다. 그런데 어느 날 돈이 필요하다고 해서 찾아 주었더니 그 돈으로 술을 마시기 시작했다. 알코올중독자인 자매와 함께 자주 외박을 했고 그 횟수가 점차 늘어났다. 그러다 재훈은 맡긴 돈 전부를 달라고 했다.

"재훈아, 더는 돈을 줄 수가 없다. 열심히 모은 돈을 술 마시는 데 다 써 버리면 어쩌겠다는 거냐?"

"내 돈, 내가 달라는데 왜 말이 많아요? 그게 집사님 돈이에요? 경찰에 확 고소하는 수가 있어요."

하는 수 없이 그에게 돈을 모두 돌려주었다. 재훈은 천만 원을 며칠 만에 술값으로 다 써 버렸다.

허탈했다. 실망을 달래기가 어려웠다. 그때까지만 해도 어딘가에는 확실한 비결이 있으리라는 순진한 기대를 버리지 못했다. 좋은 치료 방법만 찾으면 이들을 회복시킬 수 있다고 믿었다. 중독도 심리치료나 신앙의 힘으로 치유할 수 있다고 생각했다. 게다가 하나님은 죽은 사람도 살리실 수 있는 분 아니던가. 진심으로 믿고 기도하면 신앙으로 해결하지 못할 문제는 없다고 보았다.

그러나 능히 죽은 자도 살리실 수 있는 하나님이시건만 우리가 모든 죽은 자를 살려내라고 생떼를 쓸 수는 없는 것이다. 중독자의 회복만이 정말 하나님의 뜻이었을까? 중독자들을 오랫동안 상담한 분들은 그것이 헛된 환상이라고 조언했다.

"약물치료, 상담치료, 금주 교육으로 나아지는 사람도 있어요. 하지만 정말 드뭅니다. 중독이 심한 사람들은 치료의 대상이 아니라 보호의 대상으로 보셔야 합니다."

이한욱 목사의 말을 듣고 스스로를 전면적으로 돌아보았다. 나는 그들을 있는 모습 그대로 환대하지는 못했다. 내 역할은 그들에게 필요한 의식주를 챙겨 주는 동시에 그들의 잘못된 성향과 습관을 바로잡는 것이라 여겼다.

그들은 나이도 먹을 만큼 먹어서 어린아이 대하듯 할 수도 없었다. 또 몇몇은 술만 마시지 않으면 제 앞가림도 할 수 있었다. 하지만 긴 세월을 술에 의지해 온 사람들은 겉모습만 멀쩡해 보일 뿐, 속은 이미 심각하게 망가져 원래대로 돌아가기 어려운 상태였다.

회복이 불가능한 이들에게 회복을 기대하고 변화를 요구하는 것은 강압적 태도일 수 있었다. 그것은 내 잘못이었다.

하나님은 그들이 아니라 내가 변해야 한다는 사실을 일깨워 주셨다. 물론 그들이 술을 마시고 누군가를 때리거나 물건을 부수고 훔치는 일은 분명 잘못이다. 굳이 잘못한 일을 잘했다며 두둔할 필요는 없다. 자기들도 잘못을 알기 때문이다. 다만 내가 그들이 잘못했다는 사실을 다시 언급한다고 달라지는 것이 없을 뿐이다.

누군가의 잘못을 지적하기에 앞서 잘못을 저지른 이를 존중하고 사랑하는 것이 무엇보다 중요하다. 예수님도 세리와 죄인들의 잘못을 일일이 지적하시는 대신에 밥상에 둘러앉아 함께 먹으며 사람대접부터 해 주셨다.

내가 변해야 했다. '조건 없는' 진정한 환대를 배워야 했다. 그러나 변화의 속도는 더뎠다. 그리고 나의 변화가 그들의 변화로 이어지지도 않았다. 그들의 문제는 해결되지 않은 채 그대로였다.

그런데 희한한 것은 그때부터 무엇인가 근본적으로 달라지기 시작했다는 사실이다. 그들의 약점 때문에 발생하는 사고가 눈에 띄게 줄었다. 그 덕분에 다른 공동체 식구들도 편안해졌다. 환대를 서툴게나마 연습하는 과정을 통하여 하늘의 놀라운 평화가 공동체에 임하는 것만 같았다.

공동체는 타자를 조건 없이 환대하면서 조금씩 바뀌어 갔다. 지금 유지하는 단순한 삶의 방식은 그 환대의 연습을 통해 받은 선물이라 할 수 있다.

풍요의 가난, 가난의 풍요

합천으로 이사한 그해에만 족히 1백 명이 넘는 손님들이 공동체를 다녀갔다. 손님들을 모시고 산에 데려가 이곳저곳을 안내하며 여러 채의 숙소를 짓고 공방과 카페, 교회를 건축할 계획을 이야기하면 황당해하는 표정을 숨기지 못했다.

"이런 가파른 산에 건물을 짓는 건 아무래도 좀…. 차라리 제가 농사짓기 좋은 평지 만 평 정도는 빌려 드릴 수 있어요. 그리로 옮기실 생각은 없으세요?"

오죽하면 자기 땅을 빌려주겠다고 할 정도로 우리가 산 땅은 사방이 산이었다. 하지만 우리가 허황된 꿈만 꾼 것은 아니다. 충분히 자급자족할 가능성이 있는 땅이었다.

그리하여 공동체는 양계를 시작했다. 충북 보은 예수마을 공동체에서 기술을 전수받았다. 매년 양계학교를 열 정도로 자연양계 기술로 유명한 예수마을에서는 아무런 대가 없이 기술을 가르쳐 주었다. 터를 닦고 비닐하우스 한 동을 지어 2007년 3월 27일, 드디어 처음으로 닭 3백 마리를 들여왔다. 자연양계법을 통해 양육된 닭들은 산란율 60-80퍼센트를 기록하며 꾸준히 알을 낳았다.

자신감이 생겨서 배합 사료를 전혀 쓰지 않는 100퍼센트 자연양계를 시도했다. 하지만 자연양계에 대해 알지 못해 시행착오를 겪었다. 100퍼센트 자연 사료를 먹인 지 3일이 지나자 산란율이 급격히 떨어졌다. 보름 후에는 5퍼센트로 곤두박질쳤다. 식구들의 원성이 들리기 시작했다.

"주던 대로 사료를 주는 게 좋겠어요. 이러다 말짱 도루묵이 되고 말겠어요."

"조금만 더 연구하면 다시 닭들이 알을 낳을 거예요. 기다려 보세요."

그 근거 없는 자신감은 도대체 어디서부터 온 것이었을까? 말씀을 순종하는 실험을 통해 배우게 되듯, 몇 번의 시행착오를 거치면 깨쳐지리라 예상했다.

실험을 거듭하며 원인을 찾아갔다. 100퍼센트 자연 사료는 기존 사료들에 비해 단백질이 부족했다. 또 배합 사료처럼 영양소를 응축시킨 게 아니라서 사료 양이 적은 것도 문제였다. 단백질을 늘리고 양도 많이 주자 곧 산란율이 돌아왔다. 그날은 싱글벙글 웃음이 절로 났다.

다음 해에는 높은 쪽 산지를 일구어 닭장 3동을 더 짓고 닭을 1천5백 마리로 늘렸다. 자연양계를 하는 농가에서 보통 3천 마리 이상 기르는 것에 비하면 그리 큰 규모는 아니었다. 그래도 품질만은 월등히 좋았다. 시중 유정란보다 비싸게 팔면 재정 자립에는 문제가 없을 듯했다.

하지만 100퍼센트 자연 사료를 만드는 과정이 만만치 않았다. 모든 식구가 하루 종일 그 일에만 매달려야 했다. 특히 아내의 고생이 이만저만이 아니었다. 아내는 부산 자갈치 시장에 나가 미리 부탁해 둔 생선 찌꺼기를 얻고, 창원에 들러 칼슘이 많이 든 굴 껍질을 한 차 가득 실어 날랐다. 승용차에 실을 수 있는 양이 적어 거의 매일 왕복 4시간이 걸리는 부산을 오가야 했다.

나는 식구들을 데리고 아내가 구해 온 재료들을 잘게 부수고 콩비지, 유기농 현미 등겨, 쌀 싸라기, 깻묵, 톱밥 등과 비율을 맞춰 클로렐라 물에 발효시켜 특급 사료를 만들었다. 닭들에게 그 사료뿐 아니라 각종 풀과 호방 덩굴 등을 산에서 뜯어서 수시로 넣어 주었다.

아내가 친구들을 비롯해 우리를 후원해 주는 교회, 후원자들에게 달걀을 선물로 보내자, 달걀을 맛본 사람들도 주문하기 시작했다. 암 환자가 먹기에도 무리가 없을 정도로 품질이 뛰어나고 맛도 좋다는 입소문이 퍼지면서 주문이 늘었다. 복덩어리 '오두막 산골 란' 덕분에 공동체는 차근차근 자립을 향해 나아갔다.

그러나 풍요는 공동체에 약이 아니라 독이 되었다. 어렵게 고생해서 번 돈이 많아지자 식구들이 함께 기뻐하기보다는 자기 몫을 챙길 궁리를 하기 시작한 것이다. 부족한 대로 살 때는 갈 곳 없는 자신을 거두어 준 공동체에 늘 빚진 마음을 갖던 이들이었다. 하지만 수입이 생기자 마음이 변하고 있었다.

"닭 좀 키워 본 친구가 그러는데, 그 가격에 팔면 돈이 많이 남는대요."

"아는 사람에게 물어보니, 월급 주지 않는 걸 노동부에 신고하면 걸린다고 하던데요."

자립을 위해 양계에 온 신경을 쓰는 동안에 신앙으로 하나 되어야 할 공동체가 망가지고 있었다. 나도 사료 만드는 일에만 몰두한 나머지 식구들의 마음을 살필 여력이 없었다. 너무 바빴다. 그때서야 깨달았다. 느리고 단순한 생활 방식이 공동체를 지켜 주었다는 사실을.

풍요가 주는 가난은, 가난이 주는 불편보다 훨씬 더 빈곤했다. 가난이 가져오는 풍요를 소홀히 여기는 것은 복음의 정신에 반하는 것이었다. 공동체가 자발적 가난을 결단해야 한다는 급박한 상황임을 깨달았다. 그날 저녁 공동체 식구들을 한자리에 불러 모았다.

"내일부터 닭을 5백 마리로 줄이려고 합니다. 그리고 앞으로는 수입의 70퍼센트만 가지고 살림을 꾸리고 나머지 수입은 우리보다 더 어려운 사람들을 도와줍시다. 하나님과 동행하기 위해 자발적으로 가난을 선택했으면 합니다. 이제 하나님이 직접 내려 주시는 은혜로 살아 봅시다. 하나님은 광야에서 이스라엘 백성에게 만나와 메추라기를 내려 주신 분이에요. 그들이 체험한 은혜를 우리도 경험하게 해 달라고 기도합시다."

수입이 줄어들자 영기가 가장 먼저 불평을 입 밖에 냈다. 당장 과일과 고기가 끊어졌기 때문이다.

"집사님, 저, 수박 먹고 싶어요. 화채 만들어 주세요. 고기, 고기, 고기 주세요."

"영기야, 하나님께 기도해 보렴. 하나님은 너처럼 순전한 사람의 기도는 금방 들어주신단다."

영기는 그 자리에서 기도를 드렸다. 그런데 기도가 끝나기 무섭게 손님 한 분이 수박을 들고 방문했다. 식구들은 놀라 입을 다물지 못했다. 그해 여름이 다가도록 우리 공동체에는 수박이 끊이지 않았다. 신기한 일이 벌어지자 영기는 이번에는 고기가 먹고 싶을 때마다 기도를 했고 하나님은 여러 방법으로 고기를 보내 주셨다.

나중에 공동체에서 심각한 문제를 두고 걱정하며 이야기할 때면 영기는 이렇게 말하곤 했다.

"왜 기도하지 않고 걱정하고 있어요?"

우리는 감탄하며 영기의 말을 귀담아들었다.

심령이 가난한 자는 복이 있나니 천국이 저희의 것임이요. (마태복음 5:3)

산상수훈의 첫 번째 말씀이다. 그러나 오늘날 많은 그리스도인이 예수님이 말씀하신 '가난'을 진지하게 마주하지 않는다.

'가난'을 가리키는 헬라어는 간신히 생계를 유지할 수 있는 정도를 뜻하는 '페네스'(penes)와 다른 사람의 도움 없이는 살 수 없는 정도를 뜻하는 '프토코스'(ptochos)가 있다. 예수님이 말씀하신 가난은 '프토코스'로 이 말의 어원은 '웅크리다, 굽실거리다'라는 뜻이다. 그러니 '심령이 가난하다'는 말은 가난 때문에 주눅 들어 웅크린 채 누군가에게 굽실거려야 겨우 살아갈 수 있는 사람, 즉 물질적, 정신적으로 가난한 사람을 뜻한다. 그런 사람이 천국을 얻는다.

가난은 하나님만이 우리의 전부가 되심을, 우리 자신이 아니라 하나님만을 의지해야 함을 우리에게 가르쳐 준다. 오두막 공동체는 이 말씀에 의지하여 자발적으로 가난해졌고 참 신앙이 무엇인지 경험했다. 물질적 욕심을 내려놓으니 오직 하나님께로만 관심이 모아졌다. 가난을 통해 되찾은 단순한 삶의 여백에서 여유가 생겨났고 평화가 찾아왔다.

> 그는 근본 하나님의 본체시나 하나님과 동등됨을 취할 것으로 여기지 아니하시고 오히려 자기를 비워 종의 형체를 가지사 사람들과 같이 되셨고 사람의 모양으로 나타나사 자기를 낮추시고 죽기까지 복종하셨으니 곧 십자가에 죽으심이라. (빌립보서 2:6-8)

삼위 하나님은 비움의 방식을 통해 일체를 이루신다. 이 비움이야말로 하나님의 자발적 가난이다. 완전하셔서 부족함이 없으신 성부와 성자와 성령이 자기를 비우고 삼위 간에 모든 것을 흘려보내어 마침내 역사 속에서도 사랑과 구원을 이루어 가신다. 성육신하신 예수님은 다른 사람을 위해 끊임없이 자기를 비우는 사랑을 실천하셨다.

오두막 공동체는 비움을 연습하며 하나님의 가난과 하나님의 풍요를 모두 배웠다. 하나님이 시시때때로 채워 주실 때마다 그것을 다 쓰지 않고 이웃들에게 흘려보냈다. 이를 반복하다 보니 우리가 우리 자신의 것을 비워 낼수록 더 풍성해진다는 사실을 체험했다. 이것이 놀라운 가난의 풍요였다.

비움이 아니라 모자람에 해당하는 가난까지 미화하려는 것은 아니다. 모자람의 가난, 즉 비자발적 가난은 맞서야 할 구조적 악이지, 추구해야 할 영적 덕목이 아니다. 우리가 가난을 선택하는 까닭은 오직 우리를 비우고 하나님의 은혜로 충만해지기 위해서다. 자기를 비우는 자발적 가난이 하나님께 이르는 길이기에 귀중한 것이다. 가난 그 자체가 아니라 가난을 지향하는 데서 오는 은혜가 풍요롭다.

자발적 가난은 돈이 아니라 하나님께 초점을 맞추는 유익한 삶의 방식이다. 영적 풍요를 가져오는 심령의 가난을 추구해야 한다. 그렇지 못하면 부는 가난한 이에게 결코 복이 되지 못한다. 돈이 독이 되는 경우를 무수히 많이 보지 않았던가.

그때로부터 8년이 지난 지금까지 우리는 필요한 것의 70퍼센트만 노동을 통해 얻고 나머지는 이웃에게 흘려보내며 살고 있다. 하나님은 기발한 방법으로 우리에게 필요한 나머지 30퍼센트를 채워 주신다. 이를 통해 우리는 날마다 살아 계신 하나님을 만난다!

나의 일 아닌 하나님의 일

부산 갱생보호공단 방문은 1983년부터 20년 이상 지속해 왔을 정도로 중요한 일이었다. 매주 한 번 이상 출소자들을 만나 함께 식사하고 간식을 나누며 상담과 집회를 했다.

그러나 2006년 봄에 공동체가 합천으로 이주한 후에는 일주일에 한 번씩 갱생보호공단에 찾아가는 일이 여의치 않았다. 수시로 면담을 요청하는 형제들이 너무 많아 감당하지 못할 정도였다. 부담이 점점 커져서 2006년 여름부터는 두 주에 한 번씩 방문하는 것으로 횟수를 줄였다. 그러다가 결국 2008년 12월에는 부산 무지개 공동체의 전도사 두 분에게 이 일을 위임했다.

오랫동안 해 오던 의미 있는 일을 그만두려니 허전하기도 하고 불안하기도 했다. 내가 아니면 제대로 할 사람이 없을 것 같다는 느낌이 쉬 가시지 않았다. 하지만 10년 이상 노숙인 사역을 해 온 두 분의 전도사들은 여성 특유의 부드러움으로 출소자들을 잘 다독여 주었다. 출소자 방문은 활기를 띠었고 우리 부부는 안심하고 공동체에 전념할 수 있었다.

모든 일은 개인의 일이 아니라 오직 하나님의 일이다. 사람보다 하나님이 앞서 친히 잃어버린 양 한 마리, 한 마리를 찾고 계신다. 하나님이 일하시는 과정에서 내가 잠시 부르심을 입은 것뿐이다.

그리고 내가 그들이 누구인지 모른다 해도 그 뜻대로 부르심을 입어 합력하여 선을 이루어 갈 동역자들이 반드시 있다. 위임을 배우지 못하면 하나님의 일이 아니라 내 일이 되고 만다.

뜻 있는 사람들, 하나님의 뜻을 좇아 선한 일에 투신한 사람들은 사명감과 책임감이 부족해서가 아니라 그것이 넘쳐서 곧잘 함정에 빠진다. 내가 해야 한다는 사명감 또는 내가 하지 않으면 아무도 하지 않는다는 책임감이 스스로를 넘어뜨리는 것이다.

> 너희가 나를 택한 것이 아니요 내가 너희를 택하여 세웠나니 이는 너희로 가서 열매를 맺게 하고 또 너희 열매가 항상 있게 하여 내 이름으로 아버지께 무엇을 구하든지 다 받게 하려 함이라. (요한복음 15:16)

모든 일의 주인은 하나님이시다. 하나님은 돌들로도 능히 아브라함의 자손이 되게 하실 수 있는 분이다(마태복음 3:9). 하나님이 우리를 부르시는 것이지, 우리가 하나님을 불러내는 것이 아니다. 하나님을 신뢰하며 그분께 모든 것을 맡기는 법을 배우는 과정은 끝이 없다. 우리 부부는 지금도 오두막 공동체의 모든 일이 하나님의 일임을 인정하는 훈련 가운데 있다.

2014년 어느 날, 아내가 쓰러졌다. 밤중에 화장실에 가다가 갑자기 어지럼증을 느끼고 그대로 바닥에 쓰러진 것이었다. 아내는 한동안 자리에서 일어나지 못했고 누군가의 부축 없이는 움직일 수조차 없었다. 매일같이 차를 운전해 부산을 오가던 아내가 운전하다 그런 일을 당하지 않은 것이 천만다행이었다.

그로부터 일주일쯤 지났을 때였다. 아내는 휴대 전화가 고장 났다고 했다. 소리가 들리지 않는다고 해서 살펴보았지만 휴대 전화에는 아무 문제가 없었다. 알고 보니 문제가 생긴 것은 아내의 귀였다. 쓰러진 후에 오른쪽 귀가 들리지 않게 되었던 것이다.

그즈음 아내는 몸이 많이 약해져 있었다. 30명의 대식구 살림을 책임지던 아내는 늘 바지런했다. 매일 장을 보고 관공서에 가서 복잡한 업무를 처리했다. 또 양계 사업에 드는 택배 비용을 아낄 요량으로 하루가 멀다 하고 직접 차를 운전해서 공동체에서 키운 계란을 배달했다.

공동체를 돌보던 아내는 정작 자기 자신을 돌보지 못했다. 느리고 단순한 삶을 이야기했지만 자신만은 열외로 여기고 무리를 한 것이다. 아내는 병이 나서야 쉴 틈이 생겼다.

이처럼 느리고 단순한 삶으로의 전환은 하루아침에 이루어지지 않는다. 의지와 무관하게 어쩔 수 없이 아내는 모든 일을 내려놓아야 했다. 그럼에도 날마다 부족한 것들이 채워졌다. 오히려 더욱 풍성해졌을 정도다. 중요한 것은 일을 얼마나 열심히 잘 하느냐가 아니라 살아 계신 하나님을 얼마나 신뢰하느냐 하는 점이다.

7장

가장 느린 이의 속도로

잘못된 일은 바로잡아야 마땅하다.
그러나 어떤 합당한 이유를 대더라도
사람마저 미워해서는 안 된다.
그리스도 안에서 한 몸을 이루라는 말씀을 나쁘게 해석하고
적용할 수 있는 근거는 어디에도 없다.
물론 그렇게 함으로써 공동체는 많은 상처를 받았다.
하지만 그게 사랑이었고 동시에 말씀에 대한 순종이었다.

화해와 일치를 향하여

산에 살다 보니 나무가 자라는 모습을 지켜보곤 한다. 나무는 좀처럼 자라지 않는다. 1년, 2년이 지나도 얼마나 자랐는지 사람은 거의 알아채지 못할 정도다. 그러나 나무는 그저 자신의 속도대로 묵묵히 자라는데, 한 10년쯤 지나면 아름드리나무가 된다. 그때는 무성한 가지 사이에 새들이 찾아와 쉬어 가기도 하고, 한여름 뙤약볕에 지친 사람들에게 시원한 그늘이 되어 주기도 한다. 오두막 공동체의 '화해와 일치의 집'도 나무처럼 천천히 지어졌다.

합천으로 이사하고 임시로 살 집과 예배당을 수리하고 나서는 산 위에 집을 지을 계획이었다. 하지만 2006년부터 2010년까지 공동체가 이룬 것은 진입로부터 산 중턱에 이르는 길과 3백여 평의 집터를 마련한 것이 전부였다.

그로부터 2년 후인 2012년에야 '화해와 일치의 집'을 완공했다. 일반적으로 2개월이면 다 지을 집을 2년이나 걸려 지은 셈이다. 하지만 우리는 서두르지 않았다. 이미 양계를 하면서 수업료를 톡톡히 치르지 않았던가. 관계가 아니라 목표에 집중하면 공동체는 휘

청거릴 수밖에 없다.

공동체의 목표는 '성취'가 아니라 '행복'이어야 한다. 사람은 좋은 관계 속에 있을 때만 행복을 느낄 수 있다. 싸우면서 일을 많이 하는 것보다는 서툴고 더디더라도 사이좋게 일하는 게 훨씬 더 중요하다. 그래서 나는 기회가 날 때마다 식구들에게 '너무 열심히 일하지 말자'고 강조했다.

조화롭고 단순한 삶, 자연주의적 삶으로 수많은 사람에게 영향을 미친 스콧 니어링 부부가 하루에 4시간만 일했듯, 우리도 하루 노동 시간을 4시간으로 한정하고 나머지 시간은 자신을 돌보는 데 쓰게 했다.

사실 식구들의 형편을 고려하면 오랫동안 고된 일을 하는 게 불가능하기도 했다. 출소자들 다수가 앓고 있는 알코올중독은 우울증이나 인격장애, 장기 손상 등 다른 질병을 부르는 경우가 많았다. 또 걸핏하면 싸우던 사람들이다 보니 이나 뼈가 부러진 경험도 다반사여서 허우대만 멀쩡하지 장시간의 노동을 감당할 사람이 많지 않았다.

집을 짓는 일은 혼자서는 불가능하기에 부득불 여러 사람이 함께 일해야 했고, 자연스레 가장 느린 사람의 속도에 맞춰야 했다. 그러다 보니 손이 빠른 사람은 주변을 돌아볼 여유가 생겼다. 마음에 여유가 있으니 누군가 기술이 부족해서 실수를 좀 저질러도 비난하지 않았다.

하루는 재료를 나르는 일을 하던 영기가 저녁 먹을 시간이 지났는데도 보이질 않았다. 한참 뒤에 영기는 흙 범벅이 된 옷차림으로 나타났다.

"영기야, 무슨 일이 있었니?"

"나도 흙 발랐어요. 영기, 흙 나르는 거 지겹단 말이에요."

영기가 뿌듯한 건지 머쓱한 건지 알기 힘든 표정을 지으며 말했다. 다음 날 아침, 건축 현장에 가서 살펴보니 벽이 엉망이었다. 영기가 바른 벽면이 고르지 않았다. 60센티미터여야 할 두께가 어떤 부분은 30센티미터도 되지 않았다. 하지만 우리는 그것을 고치지 않고 그 모습 그대로 살려 집을 지었다. 그래서 지금도 화해와 일치의 집 벽면은 울퉁불퉁하다. 심하게 일그러진 곳에는 솔방울을 붙여 마감을 했다.

그런데 집을 다 짓고 나자 방문객마다 칭찬을 했다.

"집이 예술적이에요. 어떻게 벽에 솔방울을 붙일 생각을 하신 거예요?"

혹여 실수로 모양이 흐트러져도 그걸 바로잡을 솜씨가 없어 그 모양 그대로 살렸을 뿐인데, 그것이 건물에 미학적 가치를 더해 주었다. 공동체가 누군가의 실수를 품어 줄 때 일어나는 변화를 상징하는 것 같았다.

공동체는 건축을 서두르지 않았지만 포기하지도 않았다. 특히, 돈이 없으니 필요한 재료를 구하는 일이 숙제였는데 그조차 우리 식구들에게는 자신감을 심어 주는 요소로 작용했다. 황토너와집을 짓고 있었기에 가장 중요한 재료가 흙과 나무였는데 이 두 가지 모두 산에서 직접 구할 수 있었기 때문이다.

그렇게 구한 흙으로 흙 자루를 만들어 쌓아 벽체를 세우고 나무를 베어다 껍질을 벗겨 지붕을 이었다. 서까래도 우리 산에서 난 나무로 만들었다. 창문은 시내 아파트 단지를 돌며 버려진 것을 주워 썼다. 화해와 일치의 집이 내세우는 가장 큰 자랑거리인 대형 복층 창문은 강원도 태백의 어느 철거된 교회에서 얻어 왔다. 또 변전소 공사장에서 버린 기계 포장용 나무를 가져와 쓰기도 했다.

대략 2억 원이 넘을 것이라고 예상한 공사 비용이 2천만 원 정도로 줄었다. 물론 2천만 원도 우리 공동체에는 큰돈이었다. 하지만 2년 동안 천천히 집을 짓다 보니 후원자들이 매월 조금씩 보내 주신 후원금으로도 충분했다.

그렇게 해서 완공된 건물이지만 감정가가 전혀 낮지 않았다. 2015년 초, 우리는 공동체 자산을 공유화하기 위해 사단법인을 세

왔는데 그때 감정한 집 가치가 감가상각을 제하고도 1억 5천만 원이었다.

공동체는 버려진 재료 혹은 야생의 날재료를 직접 다듬어 집을 지었다. 사실 오두막 공동체 구성원들의 처지가 그러했다. 이미 누군가에게 버림받은 상처가 있었고 무언가에 길들여지지 않은 존재들이었다. 그런데 자신과 비슷한 처지의 재료들이 집의 일부가 되어 가는 모습을 목격하며 이들도 조금씩 변해 갔다.

특히 실수를 비난하지 않는 대신 그조차도 아름답게 바꾸어 내는 경험을 공유하며 서로를 바라보는 눈빛이 달라졌다. 방문한 손님들이 집이 아름답다고 칭찬하자 식구들의 자존감이 회복됐다.

"어느 세월에 집을 짓느냐?"고 늘 화를 내던 성격 급한 사람, "그것도 못하냐?"며 주먹을 휘두르던 사람, 마음만 급해 "아, 씨발, 진짜, 뭐 이런…" 하는 식으로 토막말만 뱉던 사람들이 변했다. 고함소리와 싸움 소리가 사라졌다.

"우리는 집을 짓는 게 아니에요. 말씀을 짓는 거예요."

거친 사내들이 투박한 손으로 옆 사람과 호흡을 맞춰 가며 집을 짓는 모습을 바라보던 아내가 감격에 겨워 말했다.

말씀을 짓는다는 것은 무슨 뜻인가? 말만이 아니라 행동으로 눈에 보이지 않는 사랑과 진리를 눈에 보이도록 드러내는 것이다.

머리에만 간직하는 말씀에는 생명력이 없다. 우리 몸으로 말씀을 모셔 들여야 하고, 삶으로 말씀의 진리를 드러내야 한다. 그럴 때에만 하나님은 분열과 갈등을 뛰어넘는 화해와 일치의 공동체를 선물로 주실 것이다.

화해와 일치의 집은 하나님의 선물이었다. 현관 앞 정원 모퉁이에는 '이 모습 이대로 함께 성전을 이루는 삶'이라는 팻말을 세웠다. 모나고 부족한 사람들과 함께 가기 위한 기다림은 하나님이 우리 공동체 전체를 축복해 주시는 통로가 되었다. 50평짜리 황토너와집인 화해와 일치의 집은 나무가 사람의 눈에는 보이지 않는 속도로 자라듯 그렇게 천천히 지어져 2012년 6월에 완공되었다.

하나님이 보여 주신 표징들

표징은 기적 중에서도 하나님의 뜻이 담긴 기적이다. 하나님은 종종 표징을 베푸심으로써 관념에만 머물러 있는 신앙인들의 영성을 보다 성숙하게 이끄신다. 또 우리 식구들처럼 연약한 이들의 경우 눈에 보이는 강렬한 체험을 통해 믿음이 자라게도 하신다.

화해와 일치의 집을 짓는 동안에 또 그 후로도 여러 차례에 걸쳐 하나님은 공동체에 표징을 보여 주셨다. 우리는 그 표징을 공동체가 산위의 동네가 되라는 하나님의 뜻으로 읽었다. 사랑과 나눔의 정신으로 하나가 되어 탐욕과 거짓으로 깨어진 세상과 대조되는 사회를 일구어야 한다는 사명으로 받아들인 것이다.

화해와 일치의 집은 원형이어서 내벽에 기둥을 세우기 어려웠다. 집 중앙에 예배당으로 쓸 공간은 기둥 대신 황토 벽돌을 쌓아 올리기로 하고 며칠을 그 작업에 매달렸다. 날이 계속 맑았기에 천막을 칠 생각도 하지 않았다.

그런데 어느 날 밤 갑자기 폭우가 쏟아졌다. 부리나케 건축 현장에 올라갔다. 걱정이 돼 먼저 산에 올랐던 식구 하나가 놀란 기색으로 소리쳤다.

"집사님, 벽돌이 젖지 않았어요. 희한하게 벽돌만 멀쩡해요!"

쓸모 없어져 내다 버린 벽돌은 비에 흠뻑 젖었는데 말이다. 기둥 대신 둥글게 쌓아 올린 벽돌이 비를 맞고 물러져서 아예 무너졌을 거라고 생각했는데, 말도 안 되는 일이었다. 하나님은 다음 날, 다시 한 번 같은 기적을 보여 주셨다. 주위에 물이 흥건하게 고일 만큼 비가 왔는데 이번에도 쌓아 올린 벽돌에만 물기가 전혀 없었던 것이다. 그걸 보고 아내는 말했다.

"기드온의 양털 기적이 우리 집에서 일어났네요."

특별한 표징은 그 후로도 몇 번 더 있었다. 저수지 위로 길을 내는 작업을 할 때였다. 굴삭기에 돌을 깨는 브레이커가 없어 땅을 파는 버킷을 내리쳐 돌을 깨는 작업을 해야 했다. 그런데 버킷에 힘을 너무 세게 준 나머지 몸체가 균형을 잡지 못하고 저수지로 굴러 떨어졌다. 하필 몸체가 문 쪽으로 굴러서 운전석에 있던 나는 빠져나오지 못했다. 그대로 곤두박질치면 굴삭기에 깔릴 게 분명했다. 굴러떨어지면서 "어, 어, 어!" 단말마의 비명을 지른 것 말고는 전혀 기억나지 않는다. 그런데 나중에 보니 나는 굴삭기에서 빠져나온 상태였다. 털끝만큼도 다치지 않았다.

공동체에서 덤프트럭이 전복되는 사고가 두 번이나 있었지만 그때도 아무도 다치지 않았다. 두 번 모두 초겨울에 산에서 계란을 싣고 내려오다가 응달에 미처 녹지 않은 얼음이 깔려 있던 커브 길에서 미끄러져 계곡으로 추락한 사고였다. 두 번째 사고 때는 적재함에 세 명이 탄 상태로 차가 뒤집어졌는데도 모두 멀쩡했다.

그런가 하면 수박이면 수박, 고기면 고기, 기도하는 대로 응답을 받곤 했던 영기의 기도에 하나님이 다시 한 번 즉각적으로 응답해 주신 일도 있다. 장마 예보가 있어 며칠에 걸쳐 지붕 방수 작업을 하던 때였다. 당장 내일 장마가 시작된다고 하는데 전날 오후까지도 우리는 작업을 마무리하지 못했다. 설상가상으로 방수시트가 모자랐다. 당장 방수시트를 살 돈도 없었다.

7장 가장 느린 이의 속도로

"기도하면 되잖아요. 내가 기도할까요?"

같이 일하던 영기가 말했다. 우리는 그 자리에서 기도하기 시작했다. 때마침 손님이 찾아오셨다. 부산에서 인테리어 시공업체를 운영하시는 배경식 사장이었다. 그는 이야기를 듣고서는 회심의 미소를 띠었다.

"뭘 걱정하세요? 제가 방수시트도 취급하지 않습니까. 왠지 오늘 오두막에 오고 싶더라니, 이렇게 제가 도울 일이 있었네요."

그는 그 자리에서 바로 거래처에 전화를 해서 방수시트를 주문했다. 2시간 뒤 부산에서 지붕을 덮고도 남을 물량이 도착했고 저녁도 못 먹고 밤늦게까지 일한 끝에 작업을 마무리할 수 있었다. 수고했다고 인사하며 장비를 챙기는데 장대비가 무섭게 쏟아지기 시작했다.

한번은 식사를 하던 중 산짐승이 밤마다 닭을 물고 가는 게 걱정되어 개라도 한 마리 있었으면 좋겠다는 이야기를 나누었는데, 숟가락을 놓기도 전에 누군가 전화를 걸어 왔다.

"거기 진돗개 한 마리 필요하지 않으세요?"

냉장고와 세탁기가 고장 났을 때도, 고장 난 바로 그날 중고품을 가져가라는 연락을 받았다. 우리가 먼저 연락하여 사정을 설명한 적이 없었다. 그럴 때마다 우리의 필요와 하나님의 도우심이 절묘하게 맞아떨어졌다. 사도신경에서 말하듯 성도가 서로 교통하지 않고서는 일어날 수 없는 기적이었다.

건축하는 내내 하나님이 줄곧 우리 곁에 머무르시며 마음 쓰고 계심을 체험하면서 공동체 식구들의 믿음이 한 뼘 이상 자란 것 같았다. 공중에 새나 들의 백합화보다 귀한 우리 식구들을 하나님이 먹이시고 입히신다는 확신을 모두가 공유했다. '어떤 상황에서도 하나님이 우리와 함께하신다'는 것이 당연하게 여겨졌다. 어쩌면 곧 닥칠 위험을 아시고 하나님이 미리 손을 쓰신 것일지도 모르겠다.

인내는 연단을, 연단은 소망을

2012년 9월 어느 날, 화해와 일치의 집이 완공된 지 3개월쯤 지난 때였다. 아침 기도회가 끝나는 시간이 다 되어 가는데 경현이 보이질 않았다. 기도회에 오지 않을 수도 있지만 뭔가 찜찜했다. 기도회가 끝나고 뒷정리를 하는데 갑자기 누군가 문을 박차고 들어왔다.

"너네가 예배를 드린다고? 예배? 화해와 일치? 웃기고들 있네. 내가 오늘 이 집을 확 없앤다. 그래야 나한테 잘하지, 안 그래?"

경현이었다. 몸에서는 지독한 술 냄새가 났고, 손에는 휘발유 통이 들려 있었다. 식구들은 놀라 뿔뿔이 방과 주방으로 흩어지고 거실에는 나 혼자 남았다. 그때부터 경현은 밑도 끝도 없는 이야기를 쏟아냈다. 나는 이야기를 들어주며 그를 달랬지만 그의 눈에 어린 광기는 사그라들지 않았다.

한 시간이 지났을까, 경현이 갑자기 거실 바닥에 휘발유를 내리붓더니 주머니에서 라이터를 꺼내 담뱃불을 붙였다. 순식간에 일어난 일이었다. 급박한 상황이었지만 도리어 나는 침착해졌다.

'집이야 다시 지으면 그만인 걸.'

다만 식구들이 걱정됐다.

"경현아, 이 집을 태워 없앤다고 달라질 게 뭐가 있냐? 많이 피곤해 보이는데 바닥에 휘발유 부은 건 내가 닦을 테니 가서 한숨 자고 나중에 다시 얘기하자."

나는 숨어 있는 식구들이 알아들을 수 있도록 큰소리로 상황을 전했다. 식구들은 황급히 뒷문으로 대피했고 아내가 소방서에 신고를 했다. 아직 불이 나지 않은 상황인데 불을 꺼 달라고 하려니 상황 설명이 불가피했다. 사정을 들은 소방서에서 경찰서에도 연락을 취해 10분도 되지 않아 출동했다. 소방차와 경찰차가 도착하고 앞문과 뒷문을 중심으로 경찰관들이 집 전체를 감쌌다. 결국 경현은 불을 지르기 직전에 체포되어 우리 곁을 떠났다.

하나님이 작정하신 시간이 거기까지였을까. 내 손으로 가라지를 뽑지 않기 위해 그를 붙잡고 버틴 지 11년 만에 하나님은 직접 나서서 그를 데리고 가셨다.

시간은 14년 전으로 거슬러 올라간다. 2002년, 갱생보호공단에 방문하면서 경현을 처음 만났다. 앞에서도 언급했지만 그는 먼저 나에게 찾아와 같이 살게 해 달라고 부탁해 온 사람이었다.

"친구가 저를 죽이려고 해요. 숨겨만 주시면 은혜는 어떻게든 꼭 갚겠습니다."

그간 중독 환자를 워낙 많이 봐 왔기에 처음부터 나는 경현이 중증 알코올중독자임을 알았다. 대화를 하면서는 그가 경계선 인격장애를 겪고 있다는 사실도 알게 됐다. 그래서 그가 하는 말을 곧이곧대로 믿지는 않았다. 다만 치료의 길을 열어 주기 위해 그가 공동체에 들어와 살게 했다.

하지만 경현의 경계선 인격장애는 생각보다 많은 사람을 괴롭게 만들었다. 평소에는 누구도 따라올 수 없을 만큼 헌신적이다가도 술만 마시면 살기가 넘쳤다. 나이가 어리거나 자신보다 좀 모자란 약자에게는 사납게 달려들었고, 한때 힘깨나 써 봤다는 사람들조차 경현만은 피했다.

그는 머리가 비상해 사람을 교묘하게 괴롭혔다. 나를 가리키며

"켕기는 구석이 있으니 우리한테 잘해 주는 것이 틀림없다"고 하거나 "나 같은 출소자들을 이용해서 유명해지는 꼴은 볼 수 없으니 실상을 파헤쳐야 한다"는 등 근거 없는 비방도 일삼았다. 알코올중독 클리닉에 입원시켜 보기도 하고 금주 교육도 받게 했지만 소용이 없었다.

나는 30년 이상 출소자들을 돌보면서 한 번도 내 손으로 그들을 내치지 않았다. 하나님이 그리스도 안에서 사랑과 용서를 통해 화해와 일치의 한 몸을 이루라고 하셨기 때문이다.

예수님은 형제가 죄를 지었을 때, 처음에는 혼자, 그다음에는 두세 사람이, 끝에 이르러 교회가 가서 권고하되 끝내 듣지 않으면 이방인처럼 여기라고 하셨다(마태복음 18:15-17). 하지만 이 말씀은 그를 내팽개치고 돌보지 않아도 좋다는 뜻이 아니라, 처음부터 다시 복음을 전해야 할 대상으로 삼으라는 뜻이다. 예수님은 가라지를 뽑지 말라고도 하셨다(마태복음 13:29). 가라지를 뽑다가 곡식까지 뽑으면 안 되지만 애초에 그 일은 예수님이 그분의 때에 하실 일이기 때문이다.

잘못된 일은 바로잡아야 마땅하다. 그러나 어떤 합당한 이유를 대더라도 사람마저 미워해서는 안 된다. 그리스도 안에서 한 몸을 이루라는 말씀을 다르게 해석하고 적용할 수 있는 근거는 어디에도 없다. 물론 그렇게 함으로써 공동체는 많은 상처를 받았다. 하지만 그게 사랑이었고 동시에 말씀에 대한 순종이었다.

식구들의 고충이 나날이 커져 갔다. 경현을 내치지 않으면서도 식구들을 보호해야 했다. 고민 끝에 부산의 공동 어시장에서 장사하게 세를 얻어 주는 조건으로 경현을 내보내기로 했다. 다행히 경현도 만족스러워했다.

그러나 며칠도 지나지 않아 사달이 났다. 형과 술을 마시다가 싸움이 붙었는데 형이 그만 죽고 만 것이다. 전과 17범인 경현이 어쩌면 남은 생의 전부를 교도소에서 보낼 수도 있는 최악의 상황이었다. 그를 사랑하시는 하나님의 탄식이 들리는 것 같았다. 나도 그를 부여잡고 하염없이 울고 싶은 심정이었다.

비통한 중에 탄원서를 쓰고 의사 소견서도 받고 변호사도 만나는 등 백방으로 뛰어다니며 그를 변호할 방법을 찾았다. 그것이 도움이 됐는지 모르겠지만 치사의 원인이 과음일 수도 있다는 소견이 받아들여져 그는 징역 3년을 선고받았다. 옥살이를 하는 동안 영치금도 넣어 주고 편지도 주고받았다. 면회를 가서 술을 마시지 않은 경현과 대화를 하노라면 안쓰러우면서도 출소 후에 완전히 변화된 삶을 살 수도 있겠다는 희망이 생기기도 했다.

그렇게 다시 오두막에 들어와 살게 된 그가 두 달도 되지 않아

난리를 피우다 끝내 떠난 것이다. 긴 세월, 그가 저지른 일들을 아는 사람들은 그가 떠나서 다행이라고 하며, 10년이 넘도록 그를 품어 준 나를 이해하기 힘들다고 했다. 솔직한 반응이었다.

"공동체는 이상만으로 살 수 없습니다. 현실을 인정하셔야지요. 대표님 고집 때문에 지금껏 식구들이 얼마나 힘들었습니까?"

"나는 앞으로도 가라지를 내 손으로 뽑을 마음은 없습니다. 예수님이 그렇게 하지 말라고 하셨기 때문입니다."

사실 가라지라 할 만한 이는 경현 한 사람만이 아니었다. 주방 싱크대에 소변을 보고 목욕을 하지 않아 몸에 악취가 진동을 하며 아무 데나 가래를 뱉는 등 도무지 상식이 통하지 않는 사람도 있었다. 그렇게 무례한 행동을 하는 이유가 노자를 연구한 끝에 참 자유와 참 겸손을 깨달았기 때문이라는 말에 모두들 할 말을 잃기도 했다.

그는 대학 시절 운동권에 몸담았다가 고문을 받아 그때 얻은 후유증과 교통사고 후유증까지 겹쳐 힘들어했는데, 어느 날 밥값을 해야겠다며 설거지를 자청했다. 찜찜하면서도 하지 말라고 하면 서운해할까 봐 허락했더니 며칠 지나지 않아 청와대에 진정을 넣었다. 장애인을 혹사시켰다는 것이 이유였다.

알코올중독으로 사경을 헤매던 사람을 1년 가까이 치료받게 한 끝에 겨우 일상생활이 가능할 정도로 회복시킨 다음에 일어난 일도 떠오른다. 그는 그간 보살펴 준 은혜에 보답하고 싶다며 어떤 일이라도 시켜 달라고 했다. 그래서 닭 모이 주는 일을 시켰더니 월급을 주지 않는다며 노동부에 우리를 고발했다.

이런 일들로 수없이 곤혹을 치렀다. 하지만 나는 말씀 앞에 타협할 수 없었다. 선악을 구분해 시비를 가리는 것은 우리 역할이 아니다. 정의의 이름으로 분열을 정당화해서는 안 된다. 만약 옳고 그름을 따져서 누군가를 떠나보내야 한다면 지금 우리 공동체 식구들 중 여기 남아 있을 만한 사람이 나를 포함해 몇 명이나 될까.

사랑은 오래 참고 사랑은 온유하며…. (고린도전서 13:4)

오래 참지 않으면 진정한 사랑이 아니다. 사랑하는 사람은 반드시 인내를 배워야 한다. 산상수훈의 참 의미를 제대로 깨닫기 위해서는 오 리를 가자는 부당한 요구를 하는 이와 십 리를 함께 가는 순종을 지속하며 인내해야 한다.

오늘도 우두막 공동체는 하나님 나라의 소망을 낳는 인내의 연단을 통해 조금씩 더 깊어지고 있다.

8장
넓어지는 모험

교회는 '교인'들만 기도하는 집이 아니라
'만민'이 기도하는 집이어야 한다.
교회는 마땅히 '광역 공동체'가 되어
마을을 세우는 운동에 앞장서야 한다.
분열과 갈등이 있는 곳에
화해와 일치를 일구어 낼 영성의 깊은 샘이 되는 것이
교회가 존재하는 본래 목적이다.

공동체는 자립해야 한다. 그러나 고립되어서는 곤란하다. 고립은 고갈을 가져온다. 공동체는 그 너머의 세상에 연결되는 법을 배우고 익혀야 한다. 공동체성은 깊어지는 만큼 넓어지지 않으면 안 된다. 진정한 복음의 공동체는 세상과의 만남을 겁내며 닫아 버리기보다는 용감하게 세상 속에서 성령의 사귐을 확장해 나간다.

성경은 종종 신앙인의 삶을 순례에 비유한다. 신앙이란 언제나 모험이다. 지금 여기에만 안주하는 대신 사귐과 나눔을 위해 하나님이 새롭게 이끄시는 곳으로 일어나 가야 한다.

> 그러므로 너희는 가서 모든 민족을 제자로 삼아 아버지와 아들과 성령의 이름으로 세례를 베풀고 내가 너희에게 분부한 모든 것을 가르쳐 지키게 하라. 볼지어다, 내가 세상 끝날까지 너희와 항상 함께 있으리라.
>
> (마태복음 28:19-20)

하나님은 우리를 줄곧 제자리에 머물러 있게 하지 않으신다. 그리스도의 몸이 된다는 것은 이 세상 속에 그리스도의 현존을 드러내는 것이다. 그리스도는 눈에 보이지 않지만, 우리가 세상을 위한 그리스도의 눈길과 손길 그리고 발길이 되어 그분을 보여 주는 것이다. 우리는 매일 용기를 내어 주님이 보내시는 새로운 곳으로 한 걸음씩 나아가야 한다.

속마음이라는 미전도 지역

넓어지는 모험을 위해 나와 아내가 나아가야 했던 첫 번째 장소는 바로 우리 자신의 마음속이었다. 열 길 물속은 알아도 한 길 사람 속은 모른다고 했다. 내 마음속에는 나도 모르는 속마음이 있다. 그 속마음이야말로 그리스도의 복음이 전해져야 하는 미전도 지역이며 내 속사람이야말로 그리스도의 가르침으로 제자 삼아야 할 미전도 종족이다.

나도 몰랐던, 마치 남처럼 여겼던 속마음을 찾아가서 그곳에도 그리스도를 전해야 한다. 이러한 영적 모험은 심리적 안정감을 주는 '지금 여기'를 떠나야 가능하다. 우리 부부는 여러 공동체 리더들을 만나 그 모험의 길에 들어섰다.

경남 산청 민들레 공동체의 김인수 대표는 그 영적 모험의 좋은 길벗이다. 민들레 공동체는 우리가 합천으로 터를 옮겼을 때 가장 먼저 반겨 주었고, 김 대표는 우리를 지금까지 물심양면으로 지지해 주고 있다.

김 대표의 소개로 한국공동체교회협의회에 속한 다른 공동체들과도 교제했다. 사귐의 공동체 김현진 대표는 예수원에서 진행하는 두나미스 세미나를 적극 추천했다. 우리 부부는 전체 6단계로 구성된 세미나에 2년간 참석해 전 과정을 수료하면서 성령님이 우리를 변화시키시는 것을 체험했다.

상담 치유를 전문으로 하는 경남 사천의 헤세드 공동체와 열방 공동체에서는 우리가 상담 훈련을 받게 해 주었다. 이 두 공동체에서 상담을 배우면서 그간 내가 면허증도 없이 수술을 해 온 것은 아닌가 하는 섬뜩한 자괴감도 잠시 들었다. 하지만 첩첩산중에까지 귀한 사람들을 보내셔서 우리를 성숙시키시는 주님의 은혜가 크고 놀라워, 그저 겸손한 마음으로 훈련에 임했다.

배움의 기회는 최근까지도 이어져 2011년에는 아내가 천안 디아코니아자매회에서 일주일을 머물며 침묵기도 훈련을 받았다. 그해 우리 부부는 한 달 동안 독일 바시스게마인데 공동체, 기독교마리아자매회, 프랑스 떼제 공동체 등 유럽의 기독교 공동체 열 군데를 한 달간 탐방하는 기회도 얻었다.

출소자들과 함께 산다는 건 결코 쉽지 않았다. 어떤 출소자들은 자신이 잘못하고서도 핑계만 대기 일쑤였고, 일부러 골탕 먹이려고 사고를 치는 경우도 허다했다. 사람 속을 긁는 방법을 훤히 알고 나를 약 올리는 재미로 사는 것만 같았다.

무조건적으로 환대해야 한다고 굳게 다짐을 했건만 그들을 내쫓고 싶을 때도 있었고, 무던히 사랑하려고 온갖 애를 썼음에도 그들이 너무 미워서 밤에 잠이 들지 못할 때도 있었다. 그럴 때면 야구 방망이를 들고서 그들이 잠자는 방에 몰래 들어가 뒤통수라도 한 대 갈겨야 속이 시원할 것 같았다. 겉으로는 드러나지 않았지만 속에서는 백 번이고, 천 번이고 그들의 뒤통수를 후려쳤다. 예수님은 누군가를 미워하는 것만으로도 살인을 한 것이라고 하셨으니, 나는 매일 살인을 저지르는 셈이었다.

성령님은 영성 훈련과 기도를 통해 그런 나를 서서히 변화시켜 주셨다. 기도하려고 앉기만 하면 온갖 잡념과 감정이 일어나 소용돌이치며 속을 어지럽혔다. 그때마다 향심기도의 도움을 받았다. 거룩한 단어를 읊조리며 그런 마음들을 밀어내기를 반복했다.

오늘날 어떤 사람들은 향심기도나 관상기도를 먼 옛날 수도원에서나 하던 것으로 치부해 버리는데 무척 안타까운 일이다. 이러한 기도의 방식은 신앙의 선조들이 물려준 소중한 유산이다. 멈출 줄 모르는 우리네 일상에는 하나님께 시간을, 공간을, 마음을 내어 드릴 틈이 없다. 이러한 기도 방법을 통해 우리는 그저 하나님 안에 머물며 그분의 임재를 깊이 느낄 수 있다.

향심기도를 계속하던 어느 날부턴가 더 이상 예전처럼 화가 나지 않았다. 그리고 신기하게도 그들의 유치한 언행이 마치 재롱을 부리는 것처럼 보였다. 나중에는 그들이 사고를 일으켜도 불쌍히 여기며 힘들이지 않고 버텨 줄 수 있었다.

그들은 변하지 않았다. 다만 주님이 나를 변화시키셨다. 누군가를 사랑하고자 한다면 상대방이 아니라 자기 자신부터 변해야 한다. 성령님은 내 안에서 바로 그 일을 시작하셨다.

'광역' 공동체

합천은 천년고찰 해인사로 유명한 지역이다. 전국 어디를 가나 흔히 보이는 편의점보다도 교회의 숫자가 두 배 이상 많다고 한다. 그 정도로 교회가 없는 곳이 없지만 합천만은 예외다. 합천에는 교회 없는 마을은 있어도 절이 없는 마을은 없을 정도로 불교의 영향력이 크다.

또한 오두막 공동체가 자리 잡은 합천군 쌍백면 하신리 일대는 집성촌이다. 50여 가구 중 절반 이상이 친인척 관계다. 그만큼 결속력이 공고하며 외부인에 대해서 그다지 호의적이지 않다.

민들레 공동체 김인수 대표는 젊은 시절에 '서부경남선교동지회'를 만들어 경남 일대에 교회 없는 지역을 돌아다니며 전도 활동을 했다. 하반신 장애인이 기도 중에 치유되고 귀신 들린 사람들도 회복되는 기적이 일어나기도 했다고 한다. 가는 곳마다 전도의 열매가 맺혀 20개의 교회를 세웠다. 하지만 그런 그조차 "하신 마을은 너무나 완고해서 전도하지 못했다"고 했을 정도다.

10년 전 오두막 공동체가 하신 마을에 처음 이주했을 때 동네 할머니들은 우리를 환대해 주셨다. 그렇다고 지역 주민 전체가 경계심을 늦춘 것은 아니었다. 자신들 몰래 공원묘지나 골프장을 세우려는 것은 아닌지 의심의 눈초리를 보냈다. 물론 나중에는 그럴 계획이 없음을 알고 의심을 거두었다. 하지만 산에 집을 짓기 전 폐가를 수리해서 교회당을 짓고 마당 안에 걸어 둔 '오두막 교회'라는 팻말을 떼라고들 야단이었다. 전도는커녕 우리가 그리스도인이라는 이야기조차 꺼낼 수 없었다.

우리 공동체는 이웃 주민들과 친해질 만한 일이라면 뭐든지 했다. 할머니들을 초청해 식사를 하고, 병원에도 모셔다 드렸으며 농번기에 일손이 모자랄 때 도와드렸다. 조금씩 친해져 가고 있다고 생각될 무렵, 잦은 손님치레와 사고치레 그리고 여러 매체에 오두막 공동체가 소개된 탓에 우리의 실체가 드러났다. 하지만 어르신들이 우리와 이미 정이 깊이 든 후였기에 별다른 문제가 생기지 않았다.

그럼에도 직접 전도하지는 못했다. 2013년에는 전북 전주에서 호스피스 봉사를 하시던 이희우 전도사와 이정숙 집사가 오두막을 방문하셨다. 사정을 들으시고는 직접 전도를 하시겠다며 하신리에 이사를 오셨다. 특히 이희우 전도사는 80대의 고령이셨는데도 복음에 대한 순수한 열정이 가득하셨다.

"전도사님, 연세가 있으시니 저희랑 같이 사시죠."

"아닙니다. 마을 가장 중심에 방 한 칸만 얻어 주세요. 동네 분들과 가까이 살면서 자주 만나야 전도도 할 수 있지요."

두 분은 우리와 함께 살자는 권유도 마다하고 마을에 집을 얻어 사시면서 가가호호 방문하며 전도하셨다. 놀랍게도 1년쯤 지났을 때 6명이 교회를 나오기 시작했고 그중 3명이 세례를 받았다. 세례를 받은 정종주 할머니는 치매를 앓고 계셨지만 교회 오시는 걸 너무 좋아하셨고, 가끔 정신이 드실 때면 꼭 자녀들 이야기를 하셨다.

"내가 우리 아들하고 며느리한테 짐이에요, 짐. 하나님이 나를 얼른 데려가셔야 하는데…."

"그런 소리 마세요, 할머니. 이렇게 살아 계시니까 예수님도 만나고 참 좋지 않으세요?"

"나만 좋으니 걱정 아니겠어요. 우리 아들하고 며느리는 지금은 일밖에 모르고 저렇게 사는데, 예수님 믿어야 하잖아요. 그런데 내 말을 안 들어요. 내가 죽으면 집사님이 꼭 전도해 주세요."

그러던 어느 날, 할머니의 아들에게서 연락이 왔다.

"지난밤에 어머니가 돌아가셨습니다."

울컥, 슬픔이 북받쳤다. 그런데 수화기 너머에서 아들이 뜻밖의 부탁을 해 왔다.

"어머니가 교회를 참 좋아하시고 신앙생활도 열심히 하신 걸 저희도 압니다. 그래서 어머니 장례를 기독교식으로 치르고 싶습니다. 오두막 공동체에서 장례를 맡아 주실 수 있을까요?"

전혀 예상치 못한 부탁이었다. 오두막 공동체가 마을 어르신의 장례를 집전하게 되리라고는 생각조차 해 보지 않았다. 친지들이 기독교식 장례에 반대하지는 않을까 내심 걱정을 했는데 기우였다. 마을 주민 전체가 오두막 공동체를 정중히 대해 주었다. 상여가 마을 경계 바깥으로 나가려 하자 주민들은 나에게 와서 고인에게 술을 한 잔 올리게 해 달라고 허락을 구하기까지 했다. 그럴 필요가 없었는데도 말이다.

10년의 세월이 흐르는 동안 지역에서 우리 공동체에 대한 인식이 확연히 달라졌음을 새삼 느꼈다. 이 모든 것이 성령님의 선물이었다. 이들 부부는 장례식이 끝나고 어머니의 유지를 받들어 오두막교회에 나오기 시작했다.

그로부터 2년이 지난 지금, 이들 부부를 포함해 마을에서 모두 10명이 세례를 받았다. 가랑비에 옷 젖듯 우리를 통해 끊임없이 손을 내미시는 예수님의 사랑이 하신 마을에도 촉촉하게 스며들었다.

이곳으로 이사해서 공동체라는 옷을 입고 살면서 나는 하나님이 믿지 않는 이들의 하나님이시기도 하다는 사실을 늘 잊지 않으려 애썼다. 그리스도의 몸을 개교회 안에 가두려는 경향은 한국 교회의 치명적 약점이다. 벽을 세우고 끊임없이 편을 가른다. 하지만 지금은 모든 이와 함께 우주적인 한 몸을 이루어 가야 할 때다. 교회가 커지면서 그리스도의 몸이 줄어든다면 그게 무슨 소용인가.

이에 가르쳐 이르시되 기록된 바 내 집은 만민이 기도하는 집이라 칭함을 받으리라고 하지 아니하였느냐? 너희는 강도의 소굴을 만들었도다.

(마가복음 11:17)

교회는 '교인'들만 기도하는 집이 아니라 마땅히 '만민'이 기도하는 집이어야 한다. 교회는 '광역 공동체'가 되어 마을을 품고 마을을 세우는 운동에 앞장서야 한다. 분열과 갈등이 있는 곳에 화해와 일치를 일구어 낼 영성의 깊은 샘이 되는 것이 교회가 존재하는 본래 목적이다.

오두막은 폭넓은 사귐을 지향한다. 그리스도인이 아니더라도 여러 다양한 사람들이 머무르는 것을 환영한다. 이를 위해 1킬로미터 길이의 계곡 길과 그 주변 3백여 평 공간에 캠핑장을 꾸리고 있다. 그곳은 누구라도 와서 조건 없이 쓸 수 있게 할 계획이다.

풍광이 수려한 오두막의 들꽃 카페는 이미 지역 명소가 되었다. 주민들은 손님이 오면 함께 이야기 나눌 공간으로 카페를 십분 활용한다. 지역 유지나 기관장들도 즐겨 찾는다. 산골짜기에서 실력 있는 바리스타가 막 내려 주는 커피 맛이 궁금하신 분은 언제든 놀러 오시라. 붙어 있는 가격표는 장식과도 같으니 부담일랑 내려놓으시고.

공동체가 낳은 부부 공동체

오두막 공동체는 우리 공동체 자체가 확장되기보다는 여러 공동체가 확산되기를 바란다. 오두막 공동체는 또 다른 공동체를 낳기를 기뻐한다. 부부 공동체의 탄생은 우리가 고대하던 사건이었다. 그래서 창호가 결혼하여 부부가 되었을 때, 공동체 모두가 하늘의 기쁨을 만끽했다.

창호는 자신의 성(姓)조차 알지 못하는 천애 고아였다. 그는 부산의 여러 고아원을 전전하며 성장했다. 어려서부터 관심을 구걸해야 하는 고아원에 적응하는 대신에 차라리 배가 고프더라도 자유를 찾아 가출했을 만큼 자존심과 독립심이 강했다. 창호는 요즘도 유독 고철만 보면 시선을 떼지 못하는 습관이 있는데 그 시절 가출을 할 때마다 고철을 모아 돈을 벌었기 때문이다. 어렵사리 정을 붙인 고아원이 있었지만 원장의 비리가 드러나는 바람에 문을 닫고 말았다. 다시 길거리에 나앉은 창호가 납치되어 갇힌 곳이 바로 그 악명 높은 '부산 형제복지원'이었다.

'한국판 홀로코스트'라고 불릴 만큼 잔인한 인권 유린이 자행된 형제복지원의 참상은 1987년 3월 22일 구타를 당한 원생 한 명이 숨지고 35명이 집단으로 탈출하면서 세상에 드러났다. 형제복지원 원장 가족은 1980년대 전두환 정권 시절에 각종 특혜를 입었다. 빼돌린 정부보조금만 해도 수십억 원이었다.

'부랑아 선도'라는 명분을 내세워 3천 명 이상의 사람들을 무차

별적으로 납치해 감금하고 강제 노역을 시켰다. 저항하는 사람들을 굶기고 때렸으며 성폭행을 저지르기도 했다. 부상과 질병, 영양실조로 인한 사망자가 알려진 것만 해도 총 531명에 달했다. 이들은 시신을 의과대학의 해부학 실습용으로 팔았다.

그러나 당시 정부는 형제복지원의 엄청난 잘못을 쉬쉬하고 숨기려 들었다. 지방 행정 기관과 복지관, 심지어 경찰과 병원도 이를 눈감아 주거나 몰래 도와주었다. 최근 언론에서 재조명한 바에 따르면, 가해자 일가는 지금도 여전히 사회복지법인을 운영하고 사업을 키워 천억 원대의 재산을 소유하고 있다.

창호는 노예처럼 형제복지원에 감금된 채 하루 종일 망치 하나로 바위가 자갈이 될 때까지 부수는 노역을 해야 했다. 밥도 제대로 먹지 못하고 아파도 병원에 갈 수 없었으며 아무 이유 없이 매를 맞았다. 인권은 철저하게 짓밟혔다. 형제복지원 원장은 수많은 원생이 잘게 부순 자갈돌로 예배당을 지었다.

창호도 집단 탈출 사건이 벌어진 후 혼란스러운 틈을 타서 감옥 같던 형제복지원을 빠져나왔다. 손에 쥔 5천 원이 전 재산이었기에 또다시 부산의 길거리를 그의 집으로 삼아야 했다. 그리고 창호는 아리랑치기가 되었다. 술에 취해 인사불성이 된 사람을 부축해 주는 척하면서 으슥한 데로 데려가 흠씬 두들겨 패고 지갑을 훔쳤다.

그러다 결국 그는 체포되어 진짜 감옥에 갇혔다.

사회가 사랑과 돌봄이 필요한 고아 하나를 외면한 사이에 창호는 인권을 유린당한 피해자가 되었다. 또한 사회가 보상과 지원이 필요한 피해자 한 사람을 방치한 사이에 창호는 교도소를 세 번 드나든 전과자가 되었다.

지금으로부터 14년 전인 2002년 12월, 창호를 갱생보호공단에서 처음 만났다. 그가 좀더 어렸을 때, 그의 죄질이 좀더 낮았을 때 만나지 못해 안타까웠다.

창호가 바라는 것은 그저 '평범한 삶' 하나였다. 그는 돈을 벌어 자립하고 결혼도 하고 싶어 했다. 지인에게 부탁해 창호를 섬유회사에 취직시켰다. 하지만 그는 반년을 채우지 못했다. 일하는 데 필요한 기술은 금세 배웠지만 일하는 사람들과 관계 맺는 기술을 가르쳐 주는 사람이 없었기 때문이다. 또 많은 돈을 가져 본 적이 없어서 돈을 관리하는 법도 몰랐다. 대개 출소자들에게 그러하듯 돈은 독이 되어 버렸다.

우리 부부는 이전의 실패를 교훈 삼아 창호와 함께 생활하며 돌보았다. 창호의 월급을 대신 관리하여 몇 년 후에는 그의 이름으로 17평의 임대아파트를 장만해 주었다. 하지만 창호는 그 아파트에 들어가 살기 싫어했다.

"그 큰 아파트에서 혼자 살면 너무 외로울 것 같아요."

그는 나지막이 말했다. 그 말을 듣고 더 이상은 아파트에 들어가라고 권하지 못했다. 창호의 불안은 쉬이 달래기 어려웠다. 다음 끼니를 언제 먹을지 알 수 없었던 기억이 몸에 새겨져 있어 자주 폭식을 했다. 또 수시로 박탈감과 무력감에 화가 나서 누군가를 해치고 싶은 충동으로 이어지면 그걸 참아 내느라 눈알이 시뻘게질 정도였다.

트라우마가 심각했지만 창호는 신앙을 의지하고 전문가에게 상담을 받으면서 조금씩 안정감을 찾아 갔다. 거동이 불편한 노인을 돌보는 일을 부탁했더니 혼자 지내는 외로움에 깊이 공감하며 정성껏 돌보았다. 나중에 창호는 '친아들도 이보다 잘할 수 없다'는 칭찬을 들었다. 또 자발적으로 처지가 어려운 이웃에게 쌀을 사서 보내 주기도 하고, 큰아들 영신과 함께 소록도에 봉사 활동을 다녀오는 등 공동체를 든든히 받쳐 주는 일꾼이 되었다.

2007년, 오두막 공동체가 처음 세운 두 사람의 간사 중 한 명이 창호였다. 흐드러지게 핀 봄꽃이 살랑거리는 날에 간사 임명식을 했는데, 이웃 공동체에서 온 축하객만 50명이 넘었다.

그로부터 5년이 흐른 2012년, 창호는 오매불망 꿈꾸던 결혼을 했다! 아내는 창호처럼 평생을 함께할 짝을 찾던 헤세드 공동체의 민희 자매였다. 헤세드 공동체는 상담 치유 사역을 하는 공동체다. 민희는 양극성 정동장애, 즉 우울증과 조증을 번갈아 느끼는 질환을 앓았다.

결혼에 필요한 조건을 따지자면 창호와 민희는 결혼을 하고 싶다는 뜨거운 열망 하나 외에는 갖춘 게 거의 없었다. 창호와 민희를 중매해 주려고 하자 두 공동체의 거의 모든 사람이 결혼은 불가능하다고 말렸다. 특히 민희의 가족이나 다름없는 헤세드 공동체 식구들 중에는 강하게 반대하는 사람도 있었다. 하지만 내 생각은 달랐다.

"창호와 민희, 만약 두 사람이 만나 잘 되어서 결혼을 한다 해도, 둘만 살면 건강한 결혼 생활을 하기 어렵다는 걸 저희도 압니다. 하지만 우리 두 공동체가 그 둘의 보호막이 되어 준다면 어떨까요?

창호는 자기 인생에 진지한 사람이고 오두막 공동체에서 10년 넘도록 성실하게 생활해 온 형제예요. 물론 창호에게 과거의 상처가 있지만 그만큼 다른 사람의 아픔을 이해하고 공감하는 힘도 있어요. 정도 많아서 짝만 잘 만나면 분명히 좋은 남편이 될 수 있어요. 민희 자매도 계속해서 치료를 받으면 큰 어려움은 없지 않겠어요? 그러니 외로운 두 사람을 그냥 두지 말고 공동체가 나서서 이들이 만나게 주선해 줍시다."

몇 달에 걸쳐 끈질기게 설득한 끝에 결국 두 공동체는 뜻을 모았다. 창호와 민희가 선보는 날을 잡았다. 사실 공동체가 적극적으로 돕겠다고 해도 두 사람이 서로를 마음에 들어 하지 않으면 그만이었다.

하지만 2012년 5월의 봄날, 두 사람은 만나자마자 서로 첫 눈에 반해 버렸다. 창호는 물론이고 민희도 애정 표현에 전혀 거리낌이 없었다.

"창호 오빠는 브래드 피트 같아예."

솔직히 창호가 그 정도로 잘 생긴 얼굴은 아니었지만 하나님이 민희의 눈에 사랑의 렌즈, 콩깍지를 씌우신 게 분명했다.

두 사람은 하루라도 빨리 결혼하고 싶어 했다. 갱생보호공단에서 주선하는 합동결혼식이 마침 11월에 있어 그때 결혼식을 올리기로 했다.

"6개월을 또 기다리라니 너무합니다."

"날짜를 좀 당길 수 없을까예?"

창호와 민희는 두 공동체 대표들이 난감해할 만큼 적극적이었다. 그때 아내 최영희 권사가 한 가지 아이디어를 내놓았다.

"방송국에서 우리를 촬영하러 오는 10월에 맞춰서 결혼식을 올리면 제법 그럴싸하지 않겠어요?"

그즈음 내가 '대한민국 나눔국민대상' 대통령 표창을 받게 되어 방송국에서 특별 다큐멘터리를 찍으려는 계획이 잡혀 있었다. 결혼만한 경사도 없으니 이래저래 잘된 일이었다. 결혼식이 앞당겨지자 두 사람은 당실당실 춤을 췄다.

2012년 10월 13일, 창호와 민희의 결혼식이 열렸다. 공동체 식구들이 꾸민 꽃길의 야생화가 반짝반짝 빛을 냈지만 신부보다 눈부시지는 않았다. 그런 신부를 맞이하는 신랑은 누구보다 늠름했다. 최태룡 대표의 주례와 두 공동체의 축하 공연으로 모든 식구가 천상의 기쁨을 누렸다.

두 사람은 결혼 5년차인 지금까지도 보란 듯이 양쪽 공동체를 섬기며 오순도순 잘 살고 있다. 이들이 첫 번째 롤모델이 되어 준 덕에 공동체에서는 4쌍의 부부가 더 탄생했다. 오두막 공동체는 부부 공동체를 낳는 모험을 통해 더 확장되고 있다.

이웃 공동체와의 어우러짐

우리 공동체가 자리 잡은 경남 지역에는 기독교 정신으로 세워진 공동체들이 제법 있다. 우리는 산청 민들레 공동체, 사천 헤세드 공동체, 밀양 아름다운 공동체와 함께 두 달에 한 번씩 연합예배를 드린다.

그 이전에도 공동체를 이끄는 리더들은 자주 만날 기회가 많았다. 하지만 공동체 식구들은 일부러 계기를 만들지 않으면 만나기가 어려웠다. 공동체 안에서의 생활이 삶의 전부일 경우에 '내가 잘 사는 건가? 이 안에서 도태되는 건 아닐까?' 하는 의문이 생길 수 있다. 이를 잘 해소하지 못하면 우물 안 개구리가 된 것만 같은 기분에 사로잡힐 수 있다.

"이웃 좋다는 게 뭐겠습니까? 우리만 만나지 말고 식구들도 다 같이 모여서 예배도 하고 사는 얘기도 나누면 좋지 않을까요?"

2006년 9월, 나의 제안으로 아름다운 공동체와 처음 연합 예배를 드렸다. 나중에는 장소를 번갈아 가면서 만났다. 네 공동체의 모든 식구가 한자리에 모이려면 준비할 것이 많아 고생도 적지 않았다. 하지만 전체가 함께 모여서 나누는 유익은 그보다 훨씬 컸다.

우리 식구들은 자신들도 어엿한 공동체 구성원이라는 사실을 실감하며 뿌듯해했다. 처지가 비슷한 이들과 대화하면서는 동병상련을 나누었으며, 식구들 기준에서 '일반인'으로 보이는 사람들과 대화하면서 사교성도 길렀다.

그런 만남이 잦아지면서 개인의 형편에 따라 공동체를 옮기는 경우도 있었다. 이는 누군가에게는 안식이었지만 다른 누군가에게는 귀양이기도 했다.

*수진은 한번 들은 곡은 악보 없이 그대로 연주할 수 있는 천재적인 소질을 지닌 소녀다. 하지만 가정불화 탓에 그 소질을 발휘할 기회가 없었다. 아버지는 알코올중독이었고 어머니는 남편을 피해 딸과 함께 숨어 사느라 심신이 지친 상태였다. 모녀는 헤세드 공동체에서 지내다 공동체가 이사를 하는 과정에서 오두막 공동체에서 살게 되었다.

수진의 어머니는 우울증으로 몹시 힘들어했다. 수진이도 밤마다 아버지에게 쫓기는 꿈을 꾸며 가위에 눌릴 정도로 정서가 불안했다. 다른 사람에게 마음을 열지 않아 방어적일 때도 많았다. 다행히 공동체에서 쉼을 누리면서 어머니는 용기를 내서 이혼을 했고 수진도 안정을 되찾았다.

3년 동안 우리 공동체에서 살던 수진은 지금은 민들레 공동체의 민들레학교에 다닌다. 평소에는 그곳에서 기숙사 생활을 하고 방학 때는 오두막에서 우리와 함께 지낸다. 요즘은 재능을 한껏 발휘하며 예배에서 플루트 연주를 한다. 사교성도 좋아져서 큰아들 영신이네 아이들도 곧잘 돌봐 준다. 공동체들이 서로 도울 수 있었기에 모녀는 안식을 누렸고, 이 모녀가 있었기에 공동체들은 합력하여 선을 이룰 기회를 얻은 셈이다.

한편 부산에서 노숙 생활을 하다 무지개 공동체에 살게 된 *윤식은 오두막 공동체에 귀양 온 경우였다. 무지개 공동체에서는 그를 우리 공동체에 보내기 전에 여러 차례 기도원에 보냈었다. 하나님을 만나면 그가 변할 거라고 생각한 것이다. 하지만 그런 기대는 번번이 좌절되었다.

"오두막은 저한테 잘 어울리는 공동체네요."

윤식은 오두막에 오자마자 공동체가 마음에 든다고 했다. 그는 늘 인정에 목말라 하면서도 자주 사람들과 다투었고 알코올중독으로 점점 망가져 가고 있었다. 그럼에도 우리는 있는 모습 그대로 인정해 주고 인격을 존중해 주려고 했다. 그래서 그는 오두막에서 어떤 욕구가 채워져 편안함을 느꼈던 것 같다. 그러나 윤식은 어머니처럼 자신을 받아들여 준 무지개 공동체 대표에 대한 집착을 보이는 등 문제가 완전히 해결되지는 못한 상태로 6개월을 지내다 원래 속한 공동체로 돌아갔다.

그런데 그 이후가 더 문제였다. 윤식은 우리 공동체에서 지내며 얻은 어설픈 깨달음으로 아는 체를 하면서 무지개 공동체 식구들을 힘들게 했다. 분위기가 심상치 않자 그는 오두막 공동체로 가겠다고 했지만 무지개 공동체에서는 윤식을 기도원으로 보냈다.

그런데 윤식이 기도원을 답답해하다가 거기서 몰래 도망쳤다는 소식이 들렸다. 나는 무지개 공동체 대표를 찾아갔다.

"김 대표님, 윤식 형제를 저희 공동체에서 다시 지내게 하면 어떨까요? 지금 윤식 형제가 기도원에서 나와서 갈 곳이야 길바닥 아니겠습니까? 그러면 몸도 마음도 망가질 게 뻔한데, 차라리 저희가 돌보는 게 낫지 않을까요?"

"아닙니다. 그 사람은 하나님을 만나야 해요. 깨지고 또 깨져야 정신을 차릴 겁니다. 모든 문제는 하나님께 달려 있어요. 하나님한테 항복해야 한다니까요."

김 대표는 '하나님을 만나야 한다' '하나님께 항복해야 한다'는 말만 되풀이할 뿐 내 이야기를 들으려 하지 않았다. 훨씬 오래전부터 윤식을 돌봐 온 분에게 나도 더 이상 말을 꺼내기가 힘들었다.

하지만 '하나님을 만난다는 말이 도대체 무슨 뜻인가?' 하는 의문이 머릿속을 떠나지 않았다. 하나님이 원하시는 것이 정말로 인간의 항복일까? 하나님은 사람에게 자유 의지를 주시고 오래 참으시며 사랑으로 설득하시는 분이 아닌가?

윤식은 예수님의 비유에 등장하는 강도 만난 사람(누가복음 10:29-37)이었다. 그는 마땅히 받아야 할 사랑을 약탈당했다. 사회는 강도 당한 그를 길바닥에 방치했다. 몸과 마음에 상처를 입고 쓰러진 그에게 다가가 하나님께 항복해야 한다고 말하는 것이 무슨 의미가 있을까? 우선 그를 일으키고 피 흘리는 상처부터 싸매 주어야 하지 않을까? 먼저 그의 이웃이 되어야 하지 않을까? 그를 품고 돌보지 않은 채 '하나님을 만나야 한다'고 강요하는 것은 '익명의 영적 폭력'이 될 수 있다는 생각이 들었다.

고민 중에도 시간은 속절없이 흘러갔다. 그러던 어느 날, 윤식이 오두막 공동체에 나타났다.

"저는 여기서 살고 싶어요. 그런데 무지개 공동체에는 비밀로 해 주시면 안 될까요?"

길바닥이 아닌 오두막을 찾아와 다행이었지만 걱정이 앞섰다.

"일단 잘 왔네. 여기서 지내는 건 우리야 얼마든지 괜찮아. 하지만 가족처럼 지내 온 공동체에 숨길 수만은 없지. 조만간 윤식 형제가 김 대표에게 직접 연락을 하면 좋겠네."

그는 알겠다고 대답했다. 그러나 한 달이 넘도록 연락할 기미를 보이지 않았다. 결국 내가 무지개 공동체에 연락을 취했다.

"어떻게 이러실 수가 있습니까? 윤식이 나타난 즉시 저한테 알려 주셨어야죠. 그러면 제가 어떻게든 조치를 취했을 텐데, 이렇게 저희 사역을 방해하시면 어떡합니까?"

김 대표는 크게 화를 냈다. 자기 공동체 식구를 우리 공동체에서 도둑질했다고 여기는 것 같았다.

"그럴 의도는 전혀 없었습니다. 이렇게 화를 내실 거라고도 생각 못했고요. 정말 죄송합니다."

나는 거듭 사과를 했지만, 김 대표는 윤식을 당장 무지개 공동체로 돌려보내라고 했다.

"대표님, 제가 남의 식구를 도둑질했다는 오해를 받더라도 지금 중요한 건 우리 두 사람이 아니라 윤식 형제라고 생각합니다. 윤식 형제가 오두막 공동체에서 지내는 게 최선이라고 확신할 수는 없습니다. 하지만 본인이 간절히 원하는데 무조건 틀렸다고만 할 수 있을까요? 당분간 같이 지내면서 방법을 찾아보면 어떨까요?"

안타깝게도 이 일로 무지개 공동체와의 관계는 끊어지고 말았다. 불편한 관계로 2년을 보내고 내가 공개 사과를 한 후에야 겨우 사건이 매듭지어졌다. 그리고 윤식은 공식적으로 우리 식구가 되었다.

우여곡절을 겪었지만 윤식은 쉽사리 변화되지 않았다. 가끔씩 술이 생각나면 눈에 띄게 괴로워했다. 나는 그럴 때마다 격려의 말을 아끼지 않았다. 조급하게 생각하지 말라고, 오늘보다 아주 조금만 나아지면 된다고, 사실은 너나없이 모두 부족한 존재라고.

이는 빈 말이 아니었다. 각 사람이 완벽해서 함께하는 게 아니다. 모두가 함께함으로써 온전해진다. 있는 모습 그대로 인정하고 서로 어울려 지내다 보면 다 함께 하나님의 아름다운 작품으로 빚어지는 것이다.

놀랍게도 변하지 않아도 된다고 한 뒤로, 윤식은 변하기 시작했다. 술이 없어 무료함을 느낄 때마다 공동체에 할 일이 없는지 찾아 나섰고, 긍정적으로 생각하려고 무던히 애썼다.

그러던 어느 날, 결혼을 하고 싶다고 이야기했다. 창호가 결혼해서 잘 살고 있는 게 부러웠던 모양이다.

"*미정 자매도 술 문제로 골치를 앓고 있는데, 두 사람이 결혼을 하는 건 너무 큰 모험이야. 이건 쉽게 동의할 수 없는 문젤세."

나도 두 사람의 결혼을 선뜻 지지하기 어려웠다.

"저도 압니다. 어떤 문제가 있을지 알아요. 그래도 꼭 결혼하고 싶습니다."

미정의 가족은 이 결혼이 성공할 확률이 1퍼센트도 되지 않는다며 반대했다. 하지만 실낱같다 할지라도 가능성은 가능성이었다. 공동체에서 두 사람의 결혼 이후를 끝까지 돕겠다고 약속하자, 그 가능성이 열렸다. 2013년 12월 28일, 오두막 공동체 두 번째 신혼부부가 그렇게 탄생했다.

그러나 결혼 생활은 냉혹한 현실이었다. 우려했던 대로 두 사람

사이에 곧잘 문제가 불거졌다. 윤식이 술을 끊었다 싶으면 미정이 술을 마셨고, 미정이 마음을 잡으면 윤식이 흔들렸다. 결혼은 아슬아슬 위태로웠고 걸핏하면 이혼 이야기가 튀어나왔다. 하지만 두 사람도 공동체도 포기는 하지 않았다.

"저는 여자랑 결혼한 게 아니에요. 술 때문에 때로 영혼을 도둑맞는 예수님이랑 결혼한 거예요. 그러니 힘들어도 참아야죠. 그리고 우리 예쁜 아내가 저한테만 줄 수 있는 기막힌 보너스가 있는데 그건 비밀이에요."

윤식은 이런 고백으로 공동체 식구들을 감동시켰다. 결국 그의 지극한 정성과 사랑은 열매를 맺었다. 감사하게도 두 사람은 금주에 성공해 지금은 아주 사이좋게 지낸다.

한국공동체교회협의회 리더 수련회

전국 각지에 다양한 사람들과 다양한 방식으로 살아가는 기독교 공동체가 상당히 많다. 내가 아는 공동체만 떠올려 보아도 수십 군데다. 가까이에 이웃한 공동체뿐 아니라 멀리 흩어져 있는 여러 공동체에게서도 배울 점이 많다. 그래서 전국 공동체들의 연합 기관인 한국공동체교회협의회 리더 수련회 및 총회를 우리 공동체에서 개최한 것은 지금 생각해도 뜻깊고 보람된 일이었다.

2012년 8월에 오두막에서 수련회를 하면 어떻겠느냐는 제안을 받았을 때 오두막 공동체에는 달랑 집 한 채뿐이었다. 식당이나 화장실, 강의실도 마련하지 못한 열악한 환경에서 수련회를 연다는 게 아찔했다. 여성들은 막 완공한 화해와 일치의 집을 숙소로 쓰면 되겠지만 남성들의 숙소는 마땅한 곳이 없었다.

임시 숙소로 쓸 비닐하우스를 설치하고 마루판을 깔아 터를 닦았다. 비가 올 때 터를 닦았기 때문에 지반이 무너지지는 않을까 노심초사하며 밤새 지켜보았다. 그 와중에 굴삭기가 옆으로 누워 버리는 사고도 일어났다. 차근차근 준비를 했지만 그칠 줄 모르고 쏟아지는 장맛비 때문에 행사 열흘 전까지 준비를 마치지 못했다.

다행히 이웃 공동체에서 팔을 걷어붙이고 도와주었다. 민들레 공동체에서는 발전기를 돌려 전기를 공급했고, 무지개 공동체에서는 식사와 간식을 준비했다. 아름다운 공동체에서는 영상과 음향을 맡아 주었고 헤세드 공동체와 갱생보호공단에서는 침구를 빌려주었다. 그리고 쌍백면사무소에서는 책상과 의자를 대여해 주었다. 고맙게도 지역 기관까지 나서 준 것이다.

2012년 8월 20일, 전국의 여러 공동체 리더들이 한자리에 모였다. 그중 오두막 공동체는 가장 연약하고 부서지기 쉬운 사람들처럼 보였다. 하지만 바로 그런 사람들조차 공동체로 살아간다는 것만큼 감동적인 호소가 어디 있겠는가. 준비위원장으로서 나는 환영사를 하며 바로 그 이야기를 나누었다.

"우리 식구들은 돈이 없습니다. 기술도 없습니다. 몸도 마음도 영혼도 모두 어려운 처지에 있어 제 몸 하나 온전히 추스르기 힘들지요. 이런 식구들이 지금 보시는 화해와 일치의 집을 '함께' '천천히'를 외치며 가장 느린 사람, 가장 부족한 사람에 맞춰 지었습니다. 옆 사람을 비난하거나 판단하지 않고, 그 모습 그대로 인정해주면서 말이지요.

구체적으로는 '싸우지만 말자'고 했지요. 더 높은 기준을 내세우지 않았는데도 식구들은 집을 지으며 자연스럽게 화해와 일치를 이루는 법을 터득했습니다. 여기 모인 우리 모두가 다른 누군가를 변화시키려 하거나 원대한 목표를 달성하려는 대신 '이 모습 이대로 함께 성전을 이루는 삶'을 살면 좋겠습니다."

오두막 공동체가 낳은 또 다른 공동체들

2012년 2월, 한동대학교 유장춘 교수 부부가 오두막을 처음 방문했다. 아직 집이 완공되지 않았지만 우리는 화해와 일치의 집 첫 손님으로 유 교수 부부를 맞이했다. 유 교수 내외는 2009년 공동체에 관심을 가진 사람들과 모임을 시작한 터였다. 하지만 아직은 본격적으로 공동체를 시작해도 좋을지 확신하지 못해서 여러 공동체를 둘러보고 있었다.

"보시는 것처럼 우리는 천천히, 가장 느린 사람의 속도에 맞춰 살고 있습니다. 가난을 자청해서 오는 유익들을 몸소 체험하고 있고요."

나는 다른 손님들에게 하는 말을 그대로 반복했다. 나중에 들으니 유 교수의 부인은 우리와 이야기를 나누고서는 '공동체로 살아야겠다'는 결심을 굳혔다고 한다. 이미 준비되어 있었기에 하나님이 특별히 감동을 더해 주셨을 것이다.

이 후에도 유 교수 부부는 제자들과 여러 차례 오두막을 방문했다. 그리고 2014년, 사랑마을 공동체라는 이름으로 10여 명과 공동체 생활을 시작했다. 유 교수와 나는 깊은 사귐 가운데 서로를 스승이라 부르는 사이가 되었다.

떨기나무 공동체 김유승 목사도 오래전부터 공동체를 염두에 두고 있었다. 그리고 내 강의를 듣고 공동체로 살고 싶다는 꿈을 구체화하는 걸음을 내딛었다. 그는 제주도에서 선교단체 간사로 활동하던 사람들과 뜻을 모아 떨기나무 공동체를 세웠다.

오두막 공동체가 대기업과 연결되리라고는 생각해 본 적이 없었지만 하나님은 독특한 방법으로 대기업을 통해 출소자들을 돕는 길도 여셨다.

어느 날, SK그룹에서 출소자를 위한 공동체를 세우면서 자문을 구해 왔다. '대한민국 나눔국민대상' 대통령 표창을 받으면서 촬영한 다큐멘터리를 교도소에 수감 중이던 SK그룹 회장이 보고서 연락을 한 것이다.

SK그룹은 이전부터 행복나눔재단을 설립해 사회 공헌 사업을 해 왔는데, 출소자를 위한 사업을 새로 시작하려 했다. 직접 수감 생활을 했던 그룹 회장의 경험이 반영된 프로젝트였다. 행복나눔재단 실무진은 2년 넘게 자문을 구하는 성실함을 보였다. 나도 자본주의 사회에서 기업이 사회적 약자들을 위해 어떤 역할을 감당하면 좋을지 궁리하고 기도하면서 최선을 다해 도왔다.

그 결과, 출소자들이 기업과 공생할 수 있는 사회적 기업인 행복투게더가 만들어졌다. 재단 실무진은 행복투게더가 세워진 후에도 오두막 공동체에 와서 3박 4일을 머물며 출소자 상담 방법, 공동체 훈련 등을 받았다. 얼마 후에는 나에게 행복투게더 이사장을 맡아 달라고 요청했다. 하나님이 특별한 방법으로 출소자들을 돕는 일에 부르신다고 여기고 순종하는 마음으로 수락했다.

오두막 공동체는 교회가 공동체로 전환하는 일에도 자극제로 쓰임을 받았다. 교인 수가 3백 명 정도인 김해 복된교회는 공동체를 통해 교회의 본질을 회복하겠다는 교인들의 뜻을 모아 한창 공동체가 되어 갈 준비를 하고 있다. 이는 오늘 한국 교회의 회복을 위한 중요한 사례가 될 것이다.

복된교회 김종열 목사는 사실 공동체 사역이 아니라 해외 선교를 염두에 두고 있었다. 조기 은퇴하고 인도 선교를 하려고 땅까지 사 둔 상태였다.

"지금 한국 교회가 선교하는 방식대로 해외에 나가면 잘못된 교회상을 심어 줄 우려가 큽니다. 공동체 선교가 대안이 될 수 있어요. 역사적으로 모라비아 공동체의 선교에서도 그 예를 찾아볼 수 있지요. 그들이 30년 동안 했던 선교의 성과가 개신교 전체가 3백년 간 했던 선교의 성과보다 알차다는 평가가 있을 정도니까요.

이슬람의 공동체 선교도 효과적이었지요. 인도네시아가 네덜란드의 식민 지배를 받을 당시 무슬림들은 기독교의 박해를 피해 곳곳에 퍼져 나가 10명 안팎 규모로 '쁘산뜨렌 공동체'를 세우고 친밀한 관계부터 맺었어요. 시간이 흘러 인도네시아가 독립하고 나서 이슬람 국가가 된 것은 어쩌면 당연한 수순이었지요. 우리도 먼저 관계 중심적 공동체를 만들어 생활하다가 온전한 신뢰가 쌓였을 때 전도를 시작하는 방식이 좋지 않을까요?"

김 목사는 우리 공동체가 살아가는 모습을 직접 보고, 또 산상수훈적 삶을 실제로 살아내는 것이 중요하지 않겠느냐는 나의 권면에 공감하여 공동체로 살겠다는 결심을 하게 되었다. 그리하여 교인들과 공동체를 이루어 선교적 삶을 살겠다는 뜻을 공유하여 본 교회에서 약 20킬로미터 떨어진 곳에 땅을 마련했다. 시골 한적한 곳에 기도원이나 수양관을 세우기보다는 지역의 사회적 약자와 은퇴한 사역자들을 품는 공동체를 세움으로써 서로에게 도움이 되는 길을 모색하려는 이런 시도가 더없이 귀하다.

> 아브라함과 다윗의 자손 예수 그리스도의 계보라. 아브라함이 이삭을 낳고 이삭은 야곱을 낳고 야곱은 유다와 그의 형제들을 낳고…야곱은 마리아의 남편 요셉을 낳았으니 마리아에게서 그리스도라 칭하는 예수가 나시니라. (마태복음 1:1-2, 16)

하나님은 그분의 구원을 수많은 사람의 '낳고'와 '낳고'를 통해 이루셨다. 예수님의 족보에는 장자가 아닌 사람도 있고, 당시 천대받던 여성도 있으며 심지어 부적절해 보이는 사람도 있다. 그렇다면 무너진 사람들, 부서진 사람들이 모인 오두막 공동체가 하나님의 구원 역사 속에 들어 있다는 것도 전혀 놀랄 일이 아닐 것이다. 어쩌면 믿음의 선조들을 따라서 오두막 공동체의 이야기를 마태복음 1장 속 족보처럼 읊어 볼 수도 있으리라.

 오두막 공동체는 창호와 민희 부부, 윤식과 미정 부부를 낳고, 또한 사랑마을 공동체와 떨기나무 공동체, 행복투게더, 복된교회 공동체를 낳고….

나가는 글

예수님은 길이시다. 그분은 율법과 죄악, 선과 악, 옳음과 그름 사이의 끊임없는 갈등을 화해시키는 제3의 길을 내셨다.

율법에 따르면 안식일을 어긴 사람은 돌로 쳐 죽여야 한다. 율법은 안식일에 밀 이삭을 잘라 먹는 사람의 배고픔을 헤아리지 못한다. 율법은 38년이나 앓아 온 환자의 아픔이 안식일보다 중하다는 사실도 이해하지 못한다.

또 이르시되 안식일이 사람을 위하여 있는 것이요, 사람이 안식일을 위하여 있는 것이 아니니 이러므로 인자는 안식일에도 주인이니라.

(마가복음 2:27-28)

예수님은 안식일의 본질을 꿰뚫어 보았다. 예수님은 안식일의 정신을 되살리셔서 인간의 절박한 욕구를 부정하지 않으면서도 율법의 요구를 온전히 이루어 내는 새로운 길을 여셨다.

그리스도인은 예수님의 길을 따른다. 그것은 사랑의 길이다. 옳은 길은 틀릴 리가 없고 안전해 보이지만 생명에 이르는 길은 아니다. 그래서 우리는 무엇이 옳은 길인지 따지기보다는 사랑의 길이 무엇인지를 물어야 한다. 사랑의 길은 용서와 화해, 일치를 새롭게 일구는 창조의 길이다.

성경 말씀 사이에도 긴장이 있다. 예를 들어 잘못한 형제를 몇 번이나 용서해야 할까? 예수님은 마태복음 18장 15-17절에서 3번의 기회를 주라고 말씀하셨다. 처음에는 당사자가 권고하고, 그다음에는 두세 사람이 함께 확증하고, 최종적으로는 공동체가 나서되 그조차 듣지 않으면 이방인처럼 여기라고 하셨다. 하지만 이어지는 18장 22절에서 예수님은 잘못한 형제를 "일곱 번을 일흔 번"까지 용서하라고도 하셨다. 우리는 형제의 잘못을 몇 번까지 참고 바로잡아야 하는가? 3번인가, 490번(무한)인가?

그러나 이는 양자택일할 딜레마가 아니다. 그 긴장은 주님이 우리에게 주시는 기회이자 제3의 길을 창조해 보라는 권유다. 말씀을 붙들고 씨름한 만큼만 믿음은 활력이 생긴다. 씨름을 거치지 않고 말씀만 듣는다면, 말씀은 심리적 안정감을 위한 진통제처럼 소비

되고 만다. 그런 믿음에는 생기가 없다.

독일 브루더호프 공동체에서 끝까지 잘못을 뉘우치지 않는 식구를 내보내기로 결정한 적이 있다. 그러나 그를 아무 대책 없이 추방하지 않았다. 공동체에서 가장 가까운 입구 쪽에 그의 거처를 따로 마련해 준 것이다. 그리고 공동체 식구들이 입구를 드나들 때마다 지속적으로 그를 만나 이야기를 나누었다. 그들은 충돌되는 것처럼 보이는 두 구절을 모두 충족시키는 제3의 길을 찾아냈던 것이다. 그들은 그를 이방인처럼 대우했다. 즉 적대해야 할 대상이 아니라 환대해야 할 손님으로 대접한 것이다.

제3의 길, 즉 사랑의 길을 창조하지 못하는 사람들은 성경 안에서 더 이상 사랑하지 않을 만한 합당한 이유를 얼마든지 찾아낸다. 그리고 자신과 맞지 않는 사람과 갈라서는 데 아무 부담도 느끼지 않는다. 그것이 바로 예수님이 꾸짖으신 바리새인의 모습이었다. '분리된 이들'인 바리새인은 율법의 옳음만 강조한다. 그들은 율법보다는 율법주의를 지켰다.

너희가 누구의 죄든지 사하면 사하여질 것이요, 누구의 죄든지 그대로 두면 그대로 있으리라 하시니라. (요한복음 20:23)

그리스도인의 거룩함은 바리새인의 거룩함과 다르다. 그것은 세상의 더러움에서 떨어져 나온 결벽이 아니다. 예수님처럼 세상의 더러움을 사랑으로 끌어안고 씻기는 거룩함이다.

정의와 사랑이 하나가 되는 제3의 길, 오두막 공동체의 역사는 바로 그 길을 찾고자 몸부림치고 그 길을 걷고자 발버둥친 이야기다. 오두막 공동체 이야기가 부디 독자들에게 그 길을 걷고자 하는 조금의 용기와 위로가 되기를 바란다.

이 길은 가야만 하는 길이다. 도착 시간은 정해져 있지 않지만, 망설일 시간은 없다. 예수님을 따라 길을 걷는 것 자체가 곧 최고의 축복이며 행복이다. 오직 그 길을 한 걸음씩 내딛을 때에만 길 되신 주님을 만나기 때문이다.

감사의 글

고(故) 박수호 집사님 덕분에 오두막 공동체가 세워졌다고 해도 과언이 아니다. 박 집사님은 나보다 13살이나 연상이었지만 겸손하게 나에게 신앙적 인도를 구하셨다. 박 집사님은 노엘합창단에서 간사로 봉사하시며 전체 살림을 맡아 주셨다. 그렇게 시작된 인연은 박 집사님이 하나님의 품에 안기실 때까지 이어졌다. 평소 그분은 걸인을 보면 외투를 벗어 주고 목욕탕에 데려가 씻겨 주었으며, 아픈 사람들을 병원에 데려가 도와달라고 간청하기도 하셨다. 출소자를 돕다가 사기 사건에 휘말려 옥살이도 하셨는데, 오히려 교도소 안에서 전도할 수 있어 감사하다고 말씀하셨다. 2004년 2월 3일, 먹지 못하는 이들을 위해 대신 동냥을 하다가 그만 오토바이에 치어 돌아가시기까지 그분의 삶은 실천하는 사랑 그 자체였다. 오두막 공동체는 박 집사님의 섬김의 정신을 늘 기억할 것이다.

최복남 전도사님은 언제나 돕는 자의 역할을 자청하시는 어른이셨다. 우리가 출소자들을 막 돕기 시작한 무렵에 여성 동역자의 손길이 부족한 것을 아시고 동역해 주셨다. 「에바다」를 보고 찾아온 출소자인 이도광, 오진근 두 사람이 신학을 공부하는 과정에서 살림을 맡아 뒷바라지를 해 주셨고, 나중에는 결혼도 주선해 주셨다. 심장판막 수술을 해야 하는 출소자의 수술비 1천만 원을 130만 원에 해결될 수 있게 조치를 취하신 적도 있다. 어머니의 마음으로 출소자들을 위해 묵묵히 기도하며 섬기시던 전도사님은 또 다른 부르심을 받아 사역지를 옮기셨다. 지금도 가끔 안부를 나누는데 예언의 은사가 있는 최 전도사님이 최근에 전해 주신 말씀은 이렇다. "하나님이 이 대표를 정말 좋아하시고 사랑하셔서 이 대표 생각하면 웃음이 나신대요. 오늘의 이 대표를 만들기 위해 하나님도 많이 힘드셨대요."

이창훈, 황희숙 부부는 부산 산성집 시절부터 동역해 온 분들이다. 이창훈 선생은 원래 불교에 심취해 수계까지 받았지만 우리를 만나 예수님을 따르기 시작했다. 시인인 이 선생은 나중에 기독교의 핵심을 관통하는 시를 지어 많은 사람들의 안목을 열어 주었다. 또한 탁월한 행정력을 발휘해 오두막의 전신인 애린원을 세우는 데 큰 도움을 주셨다.

이웃 공동체들의 도움도 많이 받았다. 보은 예수마을 공동체에서는 화목보일러를 직접 싣고 오셔서 화해와 일치의 집 보일러 시공을 해 주셨다. 천안 양문교회에서는 고장 난 굴삭기 수리비를, 의성 안사 공동체에서는 재활용 목재를 제공해 주셨다. 밀양 아름다운 공동체는 필요할 때마다 찬양과 음향 시설을 지원해 주고 행사 진행도 책임져 주신다. 사천 헤세드 공동체는 우리 식구들에게 상담 교육을 해 주시고 식구들을 초청해 파티도 열어 주신다. 우리 공동체 형제와 헤세드 공동체의 한 자매를 부부로 맺어 주기도 하셨다. 또 헤세드 공동체의 후원과 민들레 공동체의 기술을 빌려 태양광 발전기도 설치할 수 있었다. 열방 공동체에서는 2008년부터 지금까지 무료로 상담 워크숍을 열어 주고 계신다.

한기완치과 원장님 부부는 사역 초기부터 지금까지 물심양면 우리를 돕고 계신다. 장로님은 자신의 머리도 직접 깎을 정도로 검소하시지만, 우리뿐 아니라 누구의 부탁도 거절하지 않고 도와주신다. 사모님 또한 오두막 계란을 비롯해서 우리 공동체의 생산물을 판매해 주시느라 항상 바쁘시다. 수시로 후원금을 보내 주시는 무지개꽃집 박정희 권사님은 절기 때마다 꽃을 챙겨 주시고, 오두막 공동체의 계란을 적극적으로 판매해 주신다. 고혜자미용실 고혜자 사장님은 우리 식구들 머리를 늘 무료로 손질해 주신다. 전주에 사시는 양경자, 이대열 부부는 명절 때마다 선물을, 계절이 바뀔 때마다 제철 식재료를, 때마다 후원금을 보내 주신다. 김경숙 권사님은 우리가 부산에 나갈 때마다 식사를 대접해 주신다. 오래전부터 해산물을 보내 주시는 자갈치 아지매 안양희 집사님 덕분에 첩첩산중에서도 바다의 별미를 맛볼 수 있다. 병원 관계자이신 *김인성 님은 공동체 식구들이 장기 요양이 필요한 경우에 언제라도 무료로 입원할 수 있도록 주선해 주신다. 진주에 사시는 서갑연 집사님은 남편과 알코올중독자들을 돕는 일을 하다가 남편이 교통사고로 돌아가시고 본인도 암 투병을 하느라 어려운 시간을 보내는 와중에도 오두막을 기억하고 돕는 소중한 벗이다. 백중약국 박성희 권사님은 천사 중에 천사다. 오두막뿐 아니라 모든 이웃에게 넘치도록 베푸신다. 합천 유지이신 삼가식육점 김진석 사장님은 자신의 수입 30퍼센트를 떼어 어려운 이웃을 돕는 분이다. 공동체에서 해결하기 힘든 문제가 생겨서 부탁드리면 척척 해결해 주신다. 하신 마을 이재용 조합장님은 따로 오두막을 위해 농사를 지으신다. 양파, 마늘, 쌀, 배추 등 식재료가 모자랄 때 이분께 가면 아무 걱정이 없다. 합천우체국장님, 쌍백면장님, 파출소장님, 합천군수님 모두 물심양면으로 오두막을 돕는 고마운 분들이다. 특별히 군수님은 오두막의 길을 포장하고 물탱크를 설치하는 일에 많은 애를

감사의 글

쓰셨다. 정기 후원자이신 미래통증클리닉 정진우 원장님은 매년 하신 마을에 의료선교팀을 파견해 주신다. 의료선교팀의 수고와 헌신으로 지역에서 많은 결신자가 나와 오두막교회의 주일 예배에 참석하고 있고 그중 3명이 세례를 받았다. 양산병원 변원탄 원장님은 출소자를 위한 자선 음악회도 열어 주시고, 오갈 데 없는 공동체 식구들을 알코올중독 클리닉에 무료로 입원시켜 주신다. 박성수내과의원 박성수 원장님, 현대의원 강학만 원장님, 정앤김이비인후과 김영배 원장님, 예인이비인후과 김혜숙 원장님, 공주성모안과 천희종 원장님, 향플러스병원 이상형 원장님, 김윤원신경정신과 김윤원 원장님, 구순본정형외과 구순본 원장님도 매월 후원금을 보내고 오두막 식구들을 무료로 진료해 주시는 고마운 분들이다. 이 모든 분께 받은 은혜는 헤아릴 수 없을 정도로 크다.

가족에 대한 감사도 빠트릴 수 없을 듯하다. 큰아들 영신이 마음에 부담이 컸을 텐데도 이 사역에 동참하게 되어 기쁘고 감사하다. 둘째 지영은 자라면서 불평 한마디 없이 우리를 따라 주었고, 수시로 우리를 후원한다. 셋째 우남과 자부 세희는 오두막의 장기 비전인 북한 선교를 위해 호주에서 준비 중이다. 무엇보다 막내아들 동원은 개인적 필요를 채우기에 앞서 늘 오두막의 필요를 먼저 채워 주고, 우리 부부와 큰형 영신의 생활비를 10년 넘게 후원하고 있는 우리의 가장 큰 후원자다. 아이들이 이토록 듬직하게 잘 자라 주어 그저 감사할 따름이다.

이 책을 낳느라 수고한 IVP와 신현기 대표간사께 깊이 감사드린다. 특히 이 책은 이종연, 이호은 편집자와의 공동체적 협업을 통해 만들어졌다. 또한 선뜻 이 책의 추천사를 써 주신 김병년 목사님, 김웅교 교수님, 김인수 대표님, 김창호 형제님, 유장춘 교수님, 임락경 목사님, 천종호 판사님께도 각별한 사의를 전한다.

이 외에도 이름을 밝히지 못하거나 이름을 감추고서 오두막 공동체를 도와주신 분들께도 마음 깊이 감사드린다.

부록 1
질문과 대답: 공동체로 산다는 것은

부록 2
연혁 및 사진: 공동체의 발자취

부록 1
질문과 대답: 공동체로 산다는 것은

현재 오두막 공동체에는 몇 명이 살고 있나요?
출소자 출신이 7명, 심신이 미약한 사람 10명과 그들의 부모 6명, 개인 사정으로 오게 된 9명, 큰아들 영신의 가족 5명, 그리고 저희 부부 2명까지 총 39명이 함께 살고 있습니다. 현재 병원에 입원해 있는 5명이 더 있는데, 곧 그들도 함께할 수 있기를 기도하고 있습니다.

공동체 구성원이 되기 위한 조건이 있나요?
공동체에 들어오기 위한 특별한 조건은 없습니다. 다만 공동체에서 공적 공간과 사적 공간을 구분하려는 방침에 동의할 필요는 있습니다. 오두막에서는 모든 구성원에게 자기만의 방을 제공합니다. 그래서 지금도 여기저기에 집을 짓고 있지만 아직 공간이 부족합니다. 오두막에 합류하겠다는 뜻을 밝히고 공간이 나기만을 기다리는 분들도 계시지요.
　오두막 공동체에서는 불필요한 갈등을 줄이기 위해 합숙소나 시설처럼 집을 짓지 않습니다. 물론 공동체가 삶을 공유하려는 정신은 매우 중요합니다. 하지만 그것이 사생활을 함부로 침해하는 구실이 되어서는 곤란합니다. 예수님은 공적 공간인 성전에서만이 아니라 사적 공간인 골방에서도 기도해야 한다고 가르치셨습니다.
　공동체 안에서는 느슨한, 그보다 조금 더 느슨한 관계들의 형태가 동심원을 그리는 게 좋습니다. 그러한 관계를 통해 폭넓은 사귐을 꾀하고 나중에는 믿지 않는 마을 공동체와도 시냅스처럼 연결되는 시스템을 갖추어야 합니다. 이를 위한 첫 걸음은 사적 공간과 공적 공간의 구분을 조화롭게 유지하는 것입니다.

새로운 공동체를 시작하기 위해서는 무엇이 필요할까요?

공동체가 새로운 분파가 되지 않으려면 무엇보다 전체 교회에 통합될 가능성을 열어 두겠다는 자세를 갖춰야 합니다. 공동체 내부만이 아니라 외부의 공동체들과도 더불어 더 큰 공동체를 이룰 수 있어야 한다는 뜻이지요.

그것이 반드시 신앙의 일치를 이루어야 한다는 것은 아닙니다. 거듭 말하지만 느슨한 관계를 맺어 광역 공동체를 이루어 하나님을 믿지 않는 사람들에게까지 선한 영향력이 흘러가도록 해야 합니다. 특별히 권력이나 권위, 생산력이나 소비력 등으로 관계를 규정짓지 않도록 경계해야 하고요.

오두막 공동체의 목표는 무엇인가요?

공동체는 그리스도의 몸입니다. 특히, 언어 능력이 모자라거나 신체 능력, 지각 능력이 떨어지는 사람들 그리고 비사회적 혹은 반사회적 사람들까지도 가능한 한 함께 삶을 꾸려 나가는 것이 오두막 공동체의 목표입니다. 더 정확히 말하면 그것은 목표라기보다 끊임없는 관계의 확장이며 멈출 수 없는 전진입니다.

그것이 공동체가 추구하는 '화해와 일치의 정신'과 맞닿아 있는 것인가요?

그렇습니다. 예수님이 가르치신 화해와 일치는 갈등과 분열을 일으킨 이들을 품는 것입니다. 이는 하나님이 사람을 만드셨기에 어떤 사람도 졸작이 아니라 걸작이라는 믿음을 가질 때 가능하지요. 세상의 어둠을 이기는 유일한 방법은 우리 자신이 빛이 되는 것입니다. 자기 자신은 문제가 아니라고 생각하는 사람이 먼저 자기 자신의 어둠을 돌아보고 변화될 필요가 있습니다. 또한 다른 사람들의 약점을 다짜고짜 고치려 들기보다는 오히려 있는 모습 그대로 받아 주는 용납에서 변화가 시작됩니다. '이 모습 이대로 성전을 이루는 삶'을 살아갈 때 화해와 일치는 저절로 이루어 질 것입니다.

공동체의 장기 계획이 있나요?

출소자 사역의 일환으로 2년 과정의 농업학교를 세울 계획입니다. 농사법, 농기계 조작법, 수리법 등을 가르쳐 주고 졸업생에게는 무료로 땅을 나눠 주려 합니다. 나중에 그곳에서 수확한 농산물을 판매해 그 수익금으로 땅을 살 수 있게 하고요.

그리고 여러 사정으로 결혼하지 못한 이들이 가정을 꾸리도록 돕고 싶습니다. 또 탈북 고아들을 위한 쉼터와 학교를 만들어 민족의 화해와 일치를 이루는 일에 작은 보탬이 되고 싶습니다. 이 모든 것은 서두른다고 될 일이 아니라는 사실을 잘 알고 있습니다. 천천히, 심지어 대를 이어서 해야 가능한 사역도 있습니다.

공동체를 꿈꾸면서도 어디서 어떻게 시작해야 할지 모르는 사람들이 많습니다. 이들에게 해 주실 조언이 있나요?

공동체는 유기적 생명체입니다. 공동체는 설계대로 만들어지는 게 아니라 사람들 가운데 심겨져 자라나는 것입니다. 그러니 인위적으로 공동체를 조직하려고 하지 마세요. 그보다 지금 관계 맺고 있는 사람들, 또 주어진 상황에서 그리스도의 질문을 마주해 보세요. 답은 이미 우리에게 주어진 산상수훈을 통해 찾아 가면 됩니다. 사랑으로 답을 찾는다면 분명히 찾게 될 것입니다. 사랑의 마음으로 공동체가 그리스도의 몸이 되기 위해 무엇을 해야 할지, 어떤 사람을 품어야 할지 자연스레 알게 될 것입니다.

특히 '잃어버린 한 마리 양'이자 '지극히 작은 자'인 사회적 약자를 꼭 품어야 합니다. 이들은 공동체를 하나님 나라로 이끄는 이정표를 제공해 줄 것입니다. 거지 나사로를 놓쳐 버린 부자는 다른 어떤 설명도 듣지 못한 채 지옥에 갔습니다. 나사로와 같은 이들을 품지 못하는 공동체는 이념이나 목표의 노예가 되어서 당장은 아무 문제가 없어 보일지라도 끝내 자기도취에 빠지고 말 겁니다.

자동차의 브레이크는 차를 앞으로 나가지 못하게 하는 역할을 합니다. 브레이크가 없이 액셀러레이터만 있는 자동차는 전혀 안전하지 않습니다. 약한 사람에 맞춰서 속도를 늦추지 못하는 공동체는 자기 파멸에 이를 뿐입니다. 때로 약한 이들이 억지를 부리고 힘겹게 하더라도 그 상황을 주님의 거룩한 질문으로 받아들이면 우리는 바른 길로 나아갈 수 있을 것입니다.

함께 모여 살다 보면 갈등을 피하기 어려울 텐데, 갈등을 해결할 수 있는 방법이 있을까요?

갈등은 공동체가 유지되기 위한 필요조건이라고 할 만큼 중요합니다. 갈등을 없애거나 피하려고만 하는 태도는 마치 병의 근본 원인이 아닌 증상만 없애려는 것과 같습니다. 타인이라는 거울에 비친 자신의 모습을 똑바로 볼 때에야 갈등의 근원에 접근할 수 있습니다. 거울을 치우거나 거울 앞에서 도망친다고 해서 병이 나을 리 없지요.

모든 갈등은 예수님이 각자에게 주시는 질문입니다. 이 질문의 답은 성경 말씀 안에 있습니다. 물론 그 말씀을 바르게 해석하고 적용하기 위해서는 지혜와 소통의 장이 필요합니다. 독일의 기독교마리아자매회를 방문했을 때 그들의 갈등 해결 방법이 지혜롭다는 생각을 했습니다. 그들은 갈등이 생겼을 때 각 사람의 멘토가 먼저 나서서 상황을 파악하고 대화도 나눕니다. 그 후에 당사자들이 안전하다고 느끼는 테두리 안에서 마음에 담아 둔 생각을 고백하는 시간을 거쳐 해결 방안을 이끌어 냅니다.

사안의 옳고 그름을 떠나 각자 겪고 있는 고통에 공감해 주는 것, 마음을 지지해 주는 것이 무엇보다 중요합니다. 이런 진정한 용납의 경험 때문에 버릇이 나빠지는 사람은 없습니다. 누군가가 나를 지지해서 자존감이 회복된 사람, 한번 평안을 누려 본 사람은 계속 사람답게 살고 싶다는 소망을 품게 되어 있습니다.

공동체를 반드시 시골에서 시작해야 하나요?

이는 민감한 사안입니다. 오늘 대다수의 사람이 도시에 거주합니다. 도시의 편의와 효율에 익숙해진 사람들이 이에 대한 반성 없이 도시에서 공동체를 이룬다는 것은 공상에 가깝습니다. 말 그대로 사상누각입니다. 도시에 사는 사람들도 공간의 위치와 배치, 크기, 밀도 등에 따라 삶의 질이 확연히 달라진다는 것을 잘 압니다. 이러한 영역을 다루는 신학을 '공간신학'이라고 하지요.

미국의 농부이자 시인, 문명 비평가인 웬델 베리는 『나에게 컴퓨터는 필요 없다』(양문)라는 책에서 생산과 소비가 이미 죄악에 물든 구조 안에 있어서 도시에서 생활하는 것만으로도 죄의 공범이 될 수밖에 없다고 했습니다. 예수님은 "하나님과 재물을 겸하여 섬기지 못[한다]"(마태복음 6:24)고 엄히 경고하셨습니다. 우리는 자본의 영향을 최소한으로 줄이는 삶을 창안해야 합니다.

그러한 생활이 가능한 곳은 시골밖에 없어요. 경쟁하고 비교하며 더 많이 빚을 내어 더 많이 가지라고 부추기는 도시는 멀쩡한 사람들을 '도시 난민'으로 전락시킵니다. 이들을 위한 구원의 방주가 필요합니다. 그래서 더 많은 공동체가 시골에 자리 잡아서 직접 농사를 짓고 생명을 가꾸며 금융 자본에 휘둘리지 않을 만반의 준비를 갖출 필요가 있습니다.

공동체에서 리더는 어떤 역할을 해야 할까요?

사안이 무엇이든 여러 구성원이 협의하는 방식이 가장 좋습니다. 리더는 영향력을 최소화하고 직접적으로 관여하기보다는 간접적으로 영향력을 발휘하는 게 더 현명합니다. 리더가 빛과 같은 역할을 한다면, 그 빛을 통해 사람들은 자연스럽게 자신들의 역할, 공동체가 나아가야 할 바를 깨닫게 될 것입니다. '리더와 팔로워'라는 고정된 관계보다는 자연의 섭리에 근거한 유기적 관계를 맺는 게 좋습니다. '어르신' '아버님' '어머님' '아저씨' '아들' '딸'과 같은 이름을 부르며 살다 보면 그 공동체는 누구에게라도 안전한 품이 되어 줄 겁니다.

한국 기독교 공동체의 역사가 그리 길지 않아 공동체 1세대가 여전히 중심 역할을 하고 있습니다. 공동체의 전통 안에서 자질과 성품을 고려해서 다음 세대의 리더를 미리 키우는 것도 필요하지요.

공동체의 재정과 관련해서 어떤 기준이 필요할까요?

가급적 국가 화폐를 사용하지 않는 것이 좋습니다. 돈이 있는 곳에는 언제나 돈이 이끄는 정신이 있기 마련입니다. 그것은 우리의 자유를 얽어매기 십상입니다. 물론 현대사회에서 돈을 전혀 쓰지 않고 사는 것은 불가능합니다. 되도록 최소화하려는 노력은 할 수 있겠지요. 무엇보다 돈을 적게 사용하기 위한 재정 규칙을 세우면 좋습니다.

돈을 주머니에 오래 가지고 있는 것도 좋지 않습니다. 이를 위해 연말에는 잔고를 0원으로 비우는 식으로 일정 기간 안에 돈을 흘려보낼 필요가 있습니다. 사람들의 정신을 지배하는 가장 강력한 힘이 자본입니다. 그 영향력을 차차 줄여 나가며 하나님과의 좋은 관계, 이웃과의 좋은 관계가 우리를 다스리도록 해야 할 것입니다.

공동체와 개인이 읽었으면 하는 책이 있다면 추천해 주세요.

가장 소중한 책은 성경입니다. 특히 마태복음의 산상수훈은 그 뜻을 온전히 이해하고 받아들일 수 있을 때까지 반복해서 묵상해야 합니다. 그리고 앞서 언급한 웬델 베리의 『나에게 컴퓨터는 필요 없다』라는 책을 권합니다. 주관이 없는 소비, 광고 문구에 현혹된 분별없는 소비 때문에 인간성과 영성이 물성에 지배받게 된다는 사태의 심각을 깨닫는 계기가 될 것입니다.

일본에서 주목받고 있는 사상가 모리오카 마사히로의 『무통문명』(모멘토)이라는 책도 추천합니다. 저자는 오늘날 인간이 스스로를 가축화한다고 경고합니다. 무통문명은 자본주의사회를 표현하는 말인데 이는 신체의 욕망, 소유의 욕망의 결과입니다. 쾌락과 안정을 추구하고 타인을 희생양 삼으며 생명뿐 아니라 자연도 관리할 수 있다는 욕망이 무통문명을 가져왔다는 것입니다. 그러나 우리는 고통을 견디며 신체의 욕망과 싸울 때 진정한 생명의 기쁨을 누리게 될 것입니다.

토마 피케티의 『21세기 자본』(글항아리)도 읽어 보세요. 이 책을 읽고 나면 자본의 양극화 현상이 극에 달했을 때 그리스도인과 교회가 어느

편에 서야 할지 자명해질 것입니다.

자크 데리다의 『법의 힘』(문학과지성사)은 율법주의 혹은 이원론적 가치관을 극복하는 데 도움이 될 것입니다.

좋은 책을 읽어도 앎과 삶 사이의 간극이 너무 커서 고민입니다. 당장 어떻게 살아야 할지 잘 모르겠습니다.

말씀을 해석하는 것보다 말씀으로 해석 가능한 삶을 사는 게 중요합니다. 오직 한 말씀이라도 깨닫고 조금이라도 계속해서 실천하는 것이 중요하다는 것이지요. 평생에 걸쳐 한 말씀이라도 순종하기가 쉽지 않습니다. 저의 삶에 있어서 "또 너희가 너희 형제에게만 문안하면 남보다 더하는 것이 무엇이냐 이방인들도 이같이 아니하느냐?"(마태복음 5:47) 물으시는 구절이 바로 그 한 말씀이었습니다.

말씀에 대한 진정한 순종은 한 사람의 힘만으로는 해낼 수 없고, 공동체라고 해도 성경의 모든 명령을 따르기란 불가능합니다. 그러나 만약 각자가 한 말씀에 비추어 살아 낸 삶들이 모인다면 그리스도의 온전한 몸을 이룰 수 있을 것입니다. 하나님은 사랑이시고, 사랑은 곧 실천입니다. 모든 일의 시작과 끝에는 허다한 허물을 덮는 '사랑의 실천'이 있어야 합니다.

부록 2
연혁 및 사진: 공동체의 발자취

1978.6	노엘 선교단 설립(부산광역시 진구 부전2동 168-349)
1983.1	갱생보호공단 정기 집회, 상담, 후원 사업 시작
1983.4.24	에바다 문서 선교회 설립(부산광역시 동구 초량3동 1145)
1983.9.10	출소자 출신 이원록, 황정렬 전도사 입회, 윤무휴 전도사 입회
1983.9.28	월간 「에바다」 창간(미등록) 1,500부
1983.10.6	월간 「에바다」 전국 교도소, 소년원 배포(매월 2,000부)
1983.11.15	출소자 그룹홈 시작
1983.12.10	법무부 장관 초청 간담회(윤무휴, 황정렬 전도사 참석)
1984.2.27	월간 「에바다」 발행인 김선옥 변호사 취임.
1984.5.31	에바다 출판사 등록(등록번호 카1-60), 부산광역시 중앙동 4가 40-25로 이전
1984.6.1	에바다 무료 의원 개원(부산광역시 동구 영주동)
1985.3	이도광 전도사 결혼, 오진근 전도사 결혼
1985.4.15	황정렬 전도사 나원교회 개척 및 경주 교도소 사역 시작
1988.2.4	월간 「에바다」 문화공보부 등록(등록번호 라3440)
1988.2.13	에바다 문학회 창립
1988.5.24	부산 기독언론인 협회 회원 가입(이재영)
1988.9.12	부산 기독교 문화회 창립 회원(이재영)
1989.8	부산 와이즈맨 클럽 부사님카 창립 회원(이재영)
1990.9	부산 YMCA 50년 사역 편찬 위원(이재영)
2001.4	월간 「문 밖에 서서」 창간 밀양 아름다운 공동체 재가 장애인 목욕 봉사 시작
2001.9	부산시 동래구 산성동으로 이주(제1공동체)
2002.8	울산시 두동으로 이주(제2공동체)
2003.3	갱생보호공단 부산지부 후원회 애린회 창립

2003.5	선교복지단체 '애린원'으로 개명(사무장 이창훈 입회)
2006.3	경남 합천군 쌍백면 하신리로 이전. '오두막 공동체'로 개명
2009.8.20	한국공동체교회협의회 발기인(이재영)
2009.10.8	한국공동체교회협의회 정회원 공동체
2012.2	'화해와 일치의 집' 준공
2012.8.20-22	한국공동체 교회협의회 리더 수련회 및 총회 개최
2012.9	'화해와 일치의 집' 준공 예배
2012.10.13	김창호, 임민희 결혼
2013.12.28	*김윤식, *김미정 결혼
2014.5.15	사회복지시설 오두막 공동체 신고필
2014.11.8	전용기, 이은경 결혼
2015.1.8	오두막 공동체 지원법인인 사단법인 고수련 설립
2015.12.3	전상진, 김순화 결혼
2015.12.12	오두막공동체교회 설립

이재영 대표 수상 내역

2002.12.15	법무부장관 감사 서신
2002.12.18	한국 갱생보호공단 부산지부장 감사패
2004.11.23	한국 갱생보호공단 이사장 표창
2007.12.28	부산지방 검찰청 검사장 감사장
2012.10.25	대한민국 나눔국민대상 대통령 표창

최영희 권사 수상 내역

2004.12.1	법무부 범죄예방위원 부산 동부 지사장 표창
2007.11.7	한국 갱생보호공단 이사장 표창

- 1983-1990년에 재소자들을 대상으로 만든 신앙 잡지 「에바다」
 "1983년 9월 28일에 「에바다」 창간호를 시작으로 매월 2천 부씩 찍어 전국 교도소에 50부 또는 100부씩 보냈다. 재소자들을 위한 신앙 잡지는 「에바다」가 국내 최초였다." (32쪽)

- 1984-1985년까지 무료로 운영한 에바다 의원
 "에바다 의원에서 가난한 사람들을 공짜로 치료해 준다는 소문이 급속도로 퍼졌다. 돈이 없어 치료받을 생각도 하지 못하던 환자들이 밀물처럼 늘이닥쳤다." (52쪽)

- 2002년부터 2년 동안 공동체의 보금자리가 되어 준 울산 두동 집 전경
 "2002년 8월, 공동체의 거주지를 울산시 울주군 두동면으로 옮기기로 결정했다.···우리 공동체는 농사일을 배워서 밭을 일구고 비닐하우스를 가꾸기 시작했다. 농사를 지어 자급자족하는 꿈을 향해 힘차게 전진하는 듯했다. 그런데 오래 지나지 않아 동네 사람들의 시선이 사뭇 달라진 것을 느꼈다." (102쪽)

부록 2_ 연혁 및 사진: 공동체의 발자취

■ 산에 터를 닦아 자연양계를 시작하다
"터를 닦고 비닐하우스 한 동을 지어 2007년 3월 27일, 드디어 처음으로 닭 3백 마리를 들여왔다.…복덩어리 '오두막 산골란' 덕분에 공동체는 차근차근 자립을 향해 나아갔다. 그러나 풍요는 공동체에 약이 아니라 독이 되었다." (167-169쪽)

■ 합천에서 환대를 경험하며 농사를 짓다
"우리에게 진정한 환대를 베풀고 환대를 가르쳐 주신 스승은 합천면 쌍백리에 사시는 동네 할머니들이었다. 그분들 덕에 우리는 그곳에 뿌리내릴 수 있었다." (157쪽)
"김장을 해서 할머니들께도 드렸다. 물론 그것은 우리가 받은 것의 일부였을 뿐이다." (158쪽)

■ 가장 느린 이의 속도에 맞추어 '화해와 일치의 집'을 짓다

"화해와 일치의 집은 하나님의 선물이었다. 현관 앞 정원 모퉁이에는 '이 모습 이대로 함께 성전을 이루는 삶'이라는 팻말을 세웠다. 모나고 부족한 사람들과 함께 가기 위한 기다림은 하나님이 우리 공동체 전체를 축복해 주시는 통로가 되었다. 50평짜리 황토 너와집인 화해와 일치의 집은 나무가 사람의 눈에는 보이지 않는 속도로 자라듯 그렇게 천천히 지어져 2012년 6월에 완공되었다." (186쪽)

부록 2_ 연혁 및 사진: 공동체의 발자취

■ 식구들이 만든 나무 십자가와 촛대, 컵, 쿠키, 그림 등을 판매하는 오두막 들꽃 카페
"풍광이 수려한 오두막의 들꽃 카페는 이미 지역 명소가 되었다. 주민들은 손님이 오면 함께 이야기 나눌 공간으로 카페를 십분 활용한다. 지역 유지나 기관장들도 즐겨 찾는다. 산골짜기에서 실력 있는 바리스타가 막 내려 주는 커피 맛이 궁금하신 분은 언제든 놀러 오시라. 붙어 있는 가격표는 장식과도 같으니 부담일랑 내려놓으시고." (210쪽)

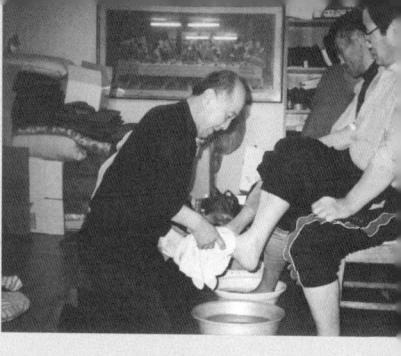

■ 2012년 10월 13일, 창호와 민희의 결혼식이 열리다
"공동체 식구들이 꾸민 꽃길의 야생화가 반짝반짝 빛을 냈지만 신부보다 눈부시지는 않았다. 그런 신부를 맞이하는 신랑은 누구보다 늠름했다. 최태룡 대표의 주례와 두 공동체의 축하 공연으로 모든 식구가 천상의 기쁨을 누렸다." (217쪽)

■ 2008년 부활절을 맞아 세족식을 하다
"그리스도의 몸을 실감하면서 매일 수시는 말씀에 귀 기울이며 하나님과의 상호 관계 속에서 말씀대로 살아갈 때 진정한 복음의 공동체는 선물처럼 주어진다." (93쪽)

■ 2006년 8월, 창호를 포함한 공동체 식구들이 세례를 받다
"창호는 신앙을 의지하고 전문가에게 상담을 받으면서 조금씩 안정감을 찾아 갔다." (214쪽)

부록 2_ 연혁 및 사진: 공동체의 발자취

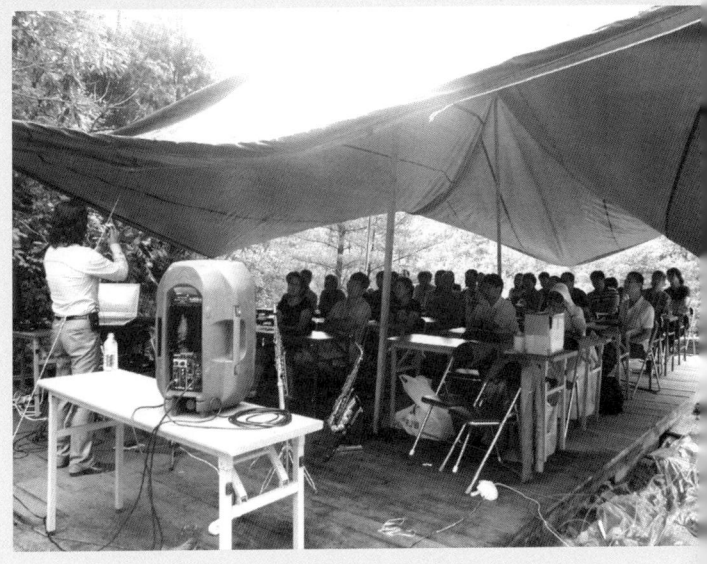

- **바시스게마인데 공동체 리더인 마틴, 마가렛 부부와의 만남**
  "2006년을 기점으로 공동체는 '다양성'이라는 새로운 옷을 입었다. 이는 하나님이 마련해 주신 특별한 만남을 통해 직조되기 시작했다.…바시스게마인데 공동체의 리더인 마틴, 마가렛 부부와 대화를 하면서 우리는 공동체가 나아갈 방향에 대해 놀라운 통찰을 얻었다." (122-123쪽)

- **한국공동체교회협의회 리더 수련회**
  "2012년 8월 20일, 전국의 여러 공동체 리더들이 한자리에 모였다. 그중 오두막 공동체는 가장 연약하고 부서지기 쉬운 사람들처럼 보였다. 하지만 바로 그런 사람들조차 공동체로 살아간다는 것만큼 감동적인 호소가 어디 있겠는가. 준비위원장으로서 나는 환영사를 하며 바로 그 이야기를 나누었다." (226-227쪽)

- 장재호 장로가 부산 산성집과 그 일대를 무상 임대해 주고, 서대신동의 땅은 기증하다
  "하나님은 사람들을 감동시키셔서 우리를 돕게 하셨다. 사람의 머리로는 이해할 수 없는 놀라운 섭리로 공동체는 차가운 세상 속에서 점차 제자리를 찾아갔다." (122쪽)
- 장재호 장로의 외손자인 영기와 영기의 어머니 장혜선 권사
  "우리 중 가장 맑은 영혼을 지닌 영기와 그의 어머니이자 오두막의 요리사인 장혜선 권사는 기도의 첫 번째 응답이며 우리가 꿈꾼 다양성의 첫 번째 빛깔이다.…영기는 공동체에 웃음을 일으키는 사람이다. 상대를 가리지 않는 특유의 살가운 미소, 순수하고도 아낌이 없는 친절과 넘치는 장난기에 모두 무장해제를 당하고 즐거워한다. 다른 식구들도 어린아이 같은 영기와 지내며 덩달아 착해지는 것 같다." (125-127쪽)

부록 2_ 연혁 및 사진: 공동체의 발자취

■■ 오두막 베이커리
"'독수리 5형제'로 통하는 심신이 미약한 젊은 청년들이 있는데 금요일에는 이 독수리 5형제가 빵과 쿠키를 만든다. 첨가물 없이 자연 발효한 재료로만 만드는데도 향긋하고 맛이 좋다. 정성껏 만든 빵과 쿠키를 식구들 간식으로도 먹고 들꽃 카페에서 판매하기도 한다." (148쪽)

■ 오두막 풍경
"모든 사람이 항상 건강할 수는 없다. 아픈 사람은 어디에나 있다. 다만 오두막에서는 몸과 마음이 아픈 사람들을 부담이 아닌 축복으로 여긴다. 이곳에 자연이 있고 공동체가 있기 때문이리라. 번잡하고 소란한 도시와 달리 단순하고 고요한 산골짜기는 일단 그 자체로 쉼을 주기에 오두막은 지친 이들에게 더할 나위 없는 회복의 공간이 된다."
(133쪽)

부록 2_ 연혁 및 사진: 공동체의 발자취

■ 이재영 대표와 최영희 권사 부부
"아내와 함께 살아온 날들은 참으로 행복했다. 아내는 언제나 쉴 만한 물가와 같았고, 나 또한 아내에게 편히 기댈 만한 언덕이 되고자 애썼다. 아내가 없었다면 오늘의 나는 결코 없었을 것이다." (61쪽)

오두막

초판 발행	2016년 6월 14일
초판 4쇄	2022년 3월 25일
지은이	이재영
펴낸이	정모세
펴낸곳	한국기독학생회출판부
등록번호	제2001-000198호(1978.6.1)
주소	04031 서울시 마포구 동교로 156-10
대표 전화	(02)337-2257 팩스_ (02)337-2258
영업 전화	(02)338-2282 팩스_ 080-915-1515
홈페이지	http://www.ivp.co.kr
이메일	ivp@ivp.co.kr
ISBN	978-89-328-1443-8 03230

ⓒ 이재영 2016

책값은 뒤표지에 있습니다.
무단 전재와 복제를 금합니다.